Libera tu sombra y tu poder interior

El camino de la autoestima, el merecimiento y la valentía para desbloquearte y conectar con tu luz

MARÍA MIKHAILOVA

Título original: *Libera tu sombra y tu poder interior. El camino de la autoestima, el merecimiento y la valentía para desbloquearte y conectar con tu luz.*

Primera edición: Mayo 2023
© 2023 Editorial Kolima, Madrid
www.editorialkolima.com

Autora: María Mikhailova
Dirección editorial: Marta Prieto Asirón
Maquetación de cubierta: Valeria Hernández
Maquetación: Carolina Hernández Alarcón

ISBN: 978-84-19495-53-2

*A mi marido, Carlos, que ha sido la primera persona
en creer en mí.*

*A mis dos hijas, Ariadne y Selene, para que
siempre recuerden lo maravillosas que son y se amen
incondicionalmente.*

Nuestro miedo más profundo no es que seamos inadecuados.

Nuestro miedo más profundo es que somos poderosos sin límite.

Es nuestra luz, no la oscuridad lo que más nos asusta. Nos preguntamos: ¿quién soy yo para ser brillante, precioso, talentoso y fabuloso? En realidad, ¿quién eres tú para no serlo?

Eres hijo del Universo.

El hecho de jugar a ser pequeño no sirve al mundo.

No hay nada iluminador en encogerte para que otras personas cerca de ti no se sientan inseguras.

Nacemos para hacer manifiesto la gloria del universo que está dentro de nosotros.

No solamente algunos de nosotros: está dentro de todos y cada uno.

Y mientras dejamos lucir nuestra propia luz, inconscientemente damos permiso a otras personas para hacer lo mismo.

Y al liberarnos de nuestro miedo, nuestra presencia, automáticamente, libera a los demás.

Marianne Williamson

Índice

Introducción
¿Por qué deberías leer este libro?

En esto del crecimiento personal o espiritual parece que ya está todo dicho. Se repiten frases, ideas, libros... Parece que no hay nada nuevo que añadir, que todo está creado. Y sin embargo, todos queremos escribir un libro, dejar un legado...

Una de las preguntas que realizo como *coach* de reinvención profesional a mis clientes y alumnos es esta: si pudieras escribir un único libro y supieras que iba a ser un *bestseller*, ¿de qué trataría, cómo se titularía?

Esa pregunta a menudo nos hace sorprendernos, sonreír maravillados ante la posibilidad de algo que ni siquiera nos habíamos permitido imaginar.

¿Un libro? «*¡Wow!*», diría yo. Sería algo grande, algo transformador... algo que cambiaría las vidas de otros en algún sentido...

Sí, es verdad, ya todo está escrito, apenas podemos inventar nada nuevo... Pero sí hay algo que cada uno podemos aportar: nuestra propia experiencia, nuestra historia de vida, porque es algo único. Algo que nos ha transformado, nos ha hecho crecer, que nos ha dolido lo suficiente como para tener que decir basta, romper con viejas creencias, con nuestro pasado y empezar de nuevo, empezar hoy.

Si pudiera escribir un gran libro, probablemente sería uno como el que tienes entre las manos. Donde voy a permitirte asomarte a mi historia personal de superación y resiliencia para que la misma te permita conectar a ti también con lo que de verdad deseas vivir, experimentar, descubrir.

Y no solo eso. Como *coach* llevo más de 3.000 horas de trabajo con clientes, alumnos, personas como tú que acuden a mí buscando su verdad, deseando cambiar a mejor sus vidas, descubrir su propósito, vencer resistencias, miedos, creencias que los limitan para comenzar a llevar una vida que se merecen, a brillar y dar lo mejor de sí mismas al mundo.

A algunas les cuesta más que a otras hacer este cambio de mentalidad. A mí me costó muchos, demasiados años.

La buena noticia es que para encontrarte lo primero que debes hacer es perderte...

Este es un libro para buscadores como yo, exploradores de su destino, personas curiosas, inquietas, de mente abierta, espíritus libres que quieren volar y encontrar su camino.

Personas corrientes como tú y como yo que un buen día se dieron cuenta de que la vida podía ser de otra manera. Lo sospechaste, lo intuiste, lo imaginaste... mientras paseabas por tu ciudad o volabas en un avión como lo estoy haciendo yo mientras escribo estas líneas.

Miraste por la ventanilla y viste nubes, viste un azul inmenso, sentiste el sol en tu cara y te dijiste: «Hay otra manera de vivir la vida». Quizá más consciente, tal vez más auténtica o más grande. Simplemente lo viste, lo oíste o lo sentiste.

Puede que experimentaras esas turbulencias (como yo en estos momentos: el piloto acaba de anunciar que nos abrochemos el cinturón, estamos pasando una zona inestable) y pasaras miedo, esa incertidumbre, ese no saber qué hacer...

¡Bienvenido!

Me gusta que te quedes por aquí. Más que gustarme, ¡me encanta! Porque creo que es lo mejor que te ha podido pasar. Porque es tu momento y es ahora: no ayer, no mañana. Hoy. Ahora.

Un nuevo viaje acaba de empezar. Nuevas experiencias, nuevas aventuras, nuevos descubrimientos... Y también mucho miedo. Lo sé. Pero, ¿quién no ha sentido miedo alguna vez? ¡Que levante la mano!

Comparto contigo una pequeña anécdota:

El otro día estaba dando una ponencia sobre el miedo. Contaba cómo me enamoré de todos mis miedos: mis amigos, mis aliados, mis verdugos, mis maestros. No estaba sola en aquel escenario (que por otro lado ni siquiera era tan grande); me acompañaba mi fiel amigo: el miedo al rechazo. Junto a él, la culpa inconsciente, esa silueta delgada y triste, cual anciana amargada, mirándome de reojo.

Me acompañan, vaya a donde vaya. Son mi sombra, mi motor, mi crecimiento y parte de mi vida. No suelo invitarlos a mis fiestas, pero me siguen a muchas partes. Me susurran al oído que no soy suficiente, que no tendré éxito, que el éxito que tengo es momentáneo, que me lo van a quitar porque no lo merezco. Porque ¿quién soy yo para hacer todo esto?

Me murmuran que brillar no es para mí, que soy una ratita gris que debe vivir en segundo plano, sin molestar a nadie, sin que nadie se perturbe por su opinión, sus deseos, ni siquiera su voz...

Pero te cuento un secreto: ¡he aprendido a convivir con ellos! Y, sobre todo, he logrado dejar de hacerles caso.

En este libro quiero mostrarte que el cambio es posible, incluso si te han hecho creer lo contrario o la vida parece que se ha ensañado contigo... Si ha sido así, ¡enhorabuena! Por favor, no me tomes a mal; no es mi intención reírme de tus miedos o dificultades, pero si aprendieras a hacerlo tú mismo sería posible que vieras tu vida desde otro ángulo y todo te parecería menos serio.

En este libro te cuento mi historia personal de superación: cómo una chica insegura, con baja autoestima, desarraigada, temerosa, que durante toda su vida se ha sentido inferior, desubicada, perdida, desaprovechada... logró brillar con luz propia, reinventándose en lo personal y profesional, crear su propio negocio, dar conferencias en público, liderar su vida y su trabajo. De la inseguridad a la seguridad. De relaciones tóxicas a relaciones sanas. Del miedo a la confianza. De la necesidad de control a abrazar la incertidumbre. Del confort a la aventura. De las excusas a la acción.

Pero no quiero hablarte solo de mí. Quiero que este libro te resulte sumamente práctico. Por eso cada capítulo te llevará a desbloquear poco a poco tu esencia, tus miedos, creencias arraigadas, tu potencial.

En este libro he reunido las mejores herramientas del *coaching* estratégico, la PNL, la inteligencia emocional, etc., para que no solo te inspire mi historia, sino que puedas experimentar en ti esos cambios reales, reinventándote por dentro y por fuera.

No voy a decirte que si crees que puedes podrás. Internet y muchos libros de autoayuda están plagados de consejos simplones que no funcionan.

Por eso quiero ponerme en primera persona, como he hecho hasta ahora en mi *blog*, para mostrarte un camino realista, honesto, sin guardarme nada... Para inspirarte y guiarte a través de este libro en tu proceso de viajar de la oscuridad a la luz.

Me llamo María, aunque también puedes llamarme Masha (mi diminutivo en ruso), tengo 43 años y a los 30 pasé por una importante crisis vital, también llamada crisis de identidad, en la que empecé a cuestionarme qué sería de mi vida si no hacía cambios de ningún tipo.

Mi etapa de los 20 años la viví con parejas tóxicas que no me respetaban y acababan abandonándome, con la autoestima por los suelos, con un trabajo administrativo y rutinario, mal pagado, muy por debajo de mis estudios y capacidades, sin posibilidad de ahorrar, de progresar profesionalmente, viendo cómo otros lograban mejorar su posición, formaban familias, eran felices... y yo me estaba quedando estancada.

Quiero que al leer este libro te des cuenta de que todo está en ti y que tienes todos los recursos necesarios para brillar. Aunque no te diré que es fácil ni que te volverás millonaria de la noche a la mañana. Que con visualizar todo llegará a tu vida. Porque esto es un proceso y sí, tienes que cambiar, y mucho.

En realidad es un camino, un viaje, donde el primer paso comienza por aceptarte y empezar a dar pasos reales, pequeños, firmes, junto con el miedo, junto con la vergüenza, la inseguridad, el vértigo, la sensación de no controlar para nada tu vida.

En este libro quiero hacer un ejercicio de honestidad. Quiero que no te inspire un gurú, alguien que parece haber alcanzado la cima de su realización, que está ganando mucho dinero, es reconocido y famoso... No. Quiero hacerte ver que incluso si no crees en ti y te sientes perdido, si te sientes menos que el resto, estás viviendo una gran mentira. Estás etiquetándote injustamente y quiero romper con esos pensamientos falsos acerca de ti para que te conviertas en quien de verdad eres, encuentres tu luz propia y brilles.

La historia de una chica que dejó de conformarse con la vida que le había tocado

Tal vez resulte curioso que empiece a escribir mi primer libro desde un avión. Pero sinceramente nada es casual en mi vida, ni en la de nadie. O al menos eso aprendí desde que era niña.

No es solo que me guste volar, desplazarme, cambiar de ciudad, de país, de continente... Es que esta ha sido la tónica de mi vida. Y no solo la mía. También la de mis antepasados. Mis bisabuelos paternos huían de la revolución bolchevique, escapando de su ciudad natal, San Petersburgo, y aventurándose en la vida de expatriados, dirigiéndose a Europa o América por el sur de Rusia, pasando por China.

Sin embargo, por alguna razón se quedaron esperando a que la revolución amainara en una de las colonias rusas de principios del siglo pasado, Azerbaiyán. La Revolución rusa dio paso a un nuevo país llamado URSS y a un nuevo sistema, el comunismo. Las fronteras fueron cerradas y mis antepasados se quedaron durante varias generaciones en Bakú, la capital azerbaiyana, ciudad en la que a finales del siglo pasado nací yo.

Supongo que ser hija de expatriados de varias generaciones de alguna manera marcó mi destino. La falta de raíces, de identidad, de no pertenecer a un lugar, de no saber cuál era mi sitio en el mundo... todo esto hizo que no dejara de buscarme a lo largo de mi vida, sintiéndome rara, perdida, inadecuada con respecto a los cánones de la sociedad.

El desarraigo que viví también tenía que ver con mis circunstancias familiares. Mis padres, de 19 y 24 años respectivamente, eran estudiantes cuando yo nací, y me dejaron a cargo de mis abuelos en cuanto cumplí los 9 meses de vida.

A los 9 años, la república en la que vivía toda mi familia en aquel entonces y en la que mis padres y mi hermana habíamos nacido se enfrentó a una guerra y vivimos un genocidio, siendo expulsados de nuestras casas, ciudad y país, por ser mi madre y abuelo de la etnia armenia. Tras pasar semanas escondidos en casas de vecinos, amigos, profesores de música, y hasta algún enemigo encubierto, abandonamos Bakú, nuestra ciudad natal, dejando todas nuestras pertenencias atrás y nos marchamos para siempre. A día de hoy no puedo volver a Azerbaiyán, incluso teniendo la nacionalidad española desde hace muchos años, pues mi segundo apellido es claramente armenio.

A los 11 años llegué con mis padres y hermanas a España en calidad de refugiada política. Estudié en 4 colegios, 3 institutos y a lo largo de toda mi vida pasé por más de 25 casas diferentes en distintos países: Azerbaiyán, Rusia, España, Alemania y Holanda.

Mi infancia se vio marcada por el abandono, el desarraigo, la falta de referencia, la sensación de ser poco valiosa, baja autoestima, inseguridad constante, miedo a no encajar, a ser rechazada, a no ser como otras personas...

¿Quién soy yo? ¿De dónde soy realmente? A menudo me cuesta decir de dónde procedo, pues me siento ciudadana del mundo. No he tenido una vida sencilla pero siempre he sonreído incluso en los peores momentos. Me he levantado con fuerzas de situaciones duras, he aprendido a superar el dolor, la separación, el abandono, y sobre todo, valoro todo lo que me ha pasado y he vivido porque gracias a ello soy quien soy. Sin esta historia hoy probablemente no estaría escribiendo un libro. Aunque no es el primero, sí es el más profundo y real, el que quiero escribir para enseñarte a encontrar tu luz, esa luz que llevas dentro y no te atreves a ver. Porque sé lo doloroso que es sentirse menos que los demás y no saber hacia dónde te está llevando la vida.

PARTE I

LOS GRANDES MITOS QUE TE HAS CREÍDO

1. ¿En qué momento dejaste de creer en ti mismo?

No sabría decir cuándo fue. Solo que sucedió. Tal vez cuando mis padres me llamaron para irme a vivir con ellos a Moscú. La verdad es que no tengo mucha idea. También me vienen recuerdos de la adolescencia. Yo con 12 años en Valencia, en el mes de marzo, en medio de aquellas fiestas (Las Fallas) que no entendía con qué tenían que ver. Asustada y adolescente. Con mis primeros granos.

Dejé de creer que podía ser todo aquello que siempre soñé. Me resigné a una imagen melancólica en el espejo. Una figura delgada, deforme, casi anoréxica. Una vez vi mi foto a los 13 años de aquel viaje que hicimos de pocos días a Santander, coincidiendo con la gira de la orquesta de mi padre.

Me vi tan delgada, alta y horrible que pensé (o eso creo que pensé entonces): «Una chica así no puede ser feliz. Es demasiado alta, delgada y fea».

Puede que ese no fuera el único momento de ese tipo. Puede que —seguramente— momentos así se repitieran en el futuro. Ese chico que no contesta a tu carta. Una familia en la que parece que no encajas. Sentirte extraña en el colegio o instituto. Esa soledad de adolescente primero, y la incomprensión de adulta después.

¿Por qué dejamos de creer en nosotros? ¿Qué nos hace sentirnos menos? ¿Quién tiene la culpa, si es que alguien la tiene?

Si estás leyendo este libro es posible que te encuentres buscando tu lugar en la vida. Que te encuentres perdido. ¿Y sabes qué? No tienes nada de lo que avergonzarte. Yo antes me avergonzaba muchísimo de no ser como los demás. Me sentía rara y diferente. La oveja negra.

Escondía mis fracasos, mis derrotas. Creía que si nadie se enteraba de mis miedos, estos no saldrían a la luz. Pero al final siempre acababan saliendo. No podía evitarlo.

Si nacemos perfectos... Si de pequeños somos esos tesoros llenos de vida... ¿Qué nos pasa en la adolescencia y la juventud que no nos permitimos ser nosotros mismos?

Es posible que pienses ahora en tu infancia, tu juventud, te acuerdes o incluso culpes a esas personas de tu familia, amigos, profesores, maestros... que no supieron darte amor, que no supieron estar a la altura.

No se trata de eso. Como *coach* que soy —creo que ya era *coach* antes de saber lo que esa palabra significa— siempre busco soluciones.

Si te pido mirar atrás, como yo lo estoy haciendo ahora (y créeme, no es muy agradable), es porque quiero que detectes ese momento de tu juventud, de tu infancia incluso. Que mires a los ojos a esa niña o a ese niño abandonado, solitario, perdido... y que lo hagas con amor.

No busques nada en concreto. Simplemente mira. Observa. ¿A quién ves?

Todos tenemos un yo herido, todos traemos nuestros traumas y dolores del pasado. Más adelante te contaré cómo puedes reescribir tu pasado. Ahora simplemente te invito a escucharte. A mirarte.

Puedes cerrar los ojos si lo prefieres. Se empezará a dibujar una silueta ante ti. Tu yo niño, tu yo adolescente te mira con ojos llenos de miedo, tristeza, o puede que de rabia.

¿Te imaginas que pudieras volver atrás? ¿Que pudieras tener una conversación contigo mismo y decirle todo aquello que sientes? ¿Decirle que lo sientes y que le quieres? Y abrazarlo. Y decirle que lo amas con todo tu ser. Que todo estará bien. Que no tenga miedo. Que lo vas a proteger toda tu vida. Y que su vida es digna de ser vivida.

Tienes la posibilidad de hacerlo ahora. Ya sé: esto ha empezado fuerte. Vamos a ir a la raíz desde el principio. Pero si llevas años buscándote sin encontrarte, ¿no crees que ahora ha llegado el momento?

Puedes visualizarte haciendo todo esto. O puedes escribirle una carta a ese tú del pasado. Ese que de forma automática viene a tu mente cuando piensas en ti en aquellos tiempos. El tú que dejó de creer en sí mismo. Y lo hizo sin darse cuenta.

Puede que pasara algo. Un pensamiento, un hecho, la simple evolución, el crecimiento. Es hora de recuperarlo, ¿no crees?

Háblale mirándote al espejo, o cerrando los ojos, o simplemente escríbele una carta.

Aquí te pongo un ejemplo mío, por si te inspira:

¡Querida yo!

Te escribo esta carta para decirte que estoy aquí a tu lado. Es más, nunca me fui, nunca me iré de tu lado. Siempre —te guste o no—, siempre estaré aquí. Así que no sé de qué puedes tener miedo.

Eres fuerte, mucho más fuerte de lo que crees. Eres poderosa, grande, bella, mágica, llena de pasión y deter-

minación. Puede que estés pasando por un momento difícil ahora, pero siempre lo has superado todo. Y sé que esta vez será igual.

Quiero decirte que todos tus errores, todos tus miedos... son perfectos. Sí, son perfectos, porque tú ya eres perfecta. Y si te has equivocado es porque en realidad solo buscabas amor. ¿Acaso es malo eso? Al contrario. Buscar amor es la cosa más grande, más bella, más poderosa que existe.

Quiero decirte que no tienes nada que temer. Porque las cosas siempre acaban solucionándose. Solo necesitas una cosa: amarte, creer en ti... Porque si no lo haces tú, los demás tampoco podrán hacerlo.

Y ¿sabes qué? No hay nadie como tú. Eres única. Eres poderosa. Eres una bella mujer llena de numerosos dones, y eres joven en esencia. Tu espíritu es siempre joven. Estás llena de vida, de fuerza, de poder. Te han engañado cuando te han hecho creer lo contrario.

Te quiero y siempre estaré a tu lado.

Cuando trabajo el niño interior y la autoestima con mis clientes de *coaching* a menudo les pido que imaginen que esa niña abandonada o esa joven herida es su propia hija. Les pido que me digan cómo la tratarían por sus errores. Si, por ejemplo, llega tu hija y te dice que es mala, fea, que no tiene nada de especial, que es una basura.

¿Aceptarías todo esto de una niña que fuera o es tu hija? Estoy segura de que no. ¿Qué harías si la vieras actuar así? Seguramente la abrazarías, le susurrarías al oído que la quieres, que no tenga miedo, que es perfecta tal como es.

Ya está. Tan simple como esto.

En este primer capítulo quiero romper con todos los mitos que te han dicho sobre ti, mitos y mentiras que te has creído. Porque en este libro no te diré otra cosa que no sea esta: eres mucho más poderoso de lo que crees.

2. Te has creído una gran mentira: «No soy quien para brillar»

¿Alguna vez alguien ha puesto en duda tu valía? ¿Has permitido que esto pasara? ¿Has dejado que una persona, o varias, o quizás muchas, te dijesen lo que puedes y lo que no puedes hacer, en lo que eres bueno o malo?

Por desgracia a muchos nos ha pasado. Nos han hecho creer que no valíamos lo suficiente, que éramos poca cosa, que lo nuestro era estar siempre en un segundo, tercer o décimo plano.

Pero ¿sabes qué? Todos ellos estaban equivocados. Todos ellos.

Nadie puede decidir por ti. Nadie es capaz de vivir o sentir lo que tú vives o sientes.

Te invito a viajar conmigo al pasado. Te contaré mi historia, una de muchas que irás descubriendo a lo largo de este libro. Pero lo cuento para que tú también descubras la tuya.

¿Quién decidió que no eras brillante? ¿Quién dijo que no podías ser grande? ¿Quién dudó de ti y te hizo dudar de ti mismo?

Cuando somos niños, aunque traemos de serie la base de nuestra personalidad en realidad somos un lienzo en blanco. Somos esponjas. Oímos lo que nos dicen, percibimos emociones que ocultan nuestros mayores, dejamos salir nuestra creatividad y personalidad sin medirlas, sin juzgarlas... Pero con los años la mayoría olvidamos todo esto y nos convertimos en lo que los demás creen que debemos ser.

De pequeña mis padres decidieron que sería músico, que tocaría el piano. Dos años después, mi hermana pequeña comenzaría con el violín. Aunque yo (según me cuentan mis padres) era buena en el piano, no era tan brillante como mi hermana o no me esforzaba tanto como ella. El caso es que ahí se produjo un primer impacto: «No soy lo suficientemente buena».

Después me esforcé en sacar las mejores notas en el colegio pero... ¡No era tan buena en matemáticas! Me costaba, y mucho.

Más adelante llegó el cambio de vida: una guerra entre las repúblicas Armenia y Azerbaiyán, convertirme en refugiada política, dejarlo todo atrás, pasar dos noches en un tren a Moscú escapando del que había sido mi hogar durante casi 10 años. Llegar a Moscú para dormir en un centro de refugiados sentada en una silla. Irme con mis abuelos a la fría Penza, ciudad rusa situada a unos 700 km de Moscú, a la que los trágicos acontecimientos los impulsaron a emigrar. Ahí me vi fuera de lugar. Ahí decidí (o lo decidió la vida misma) que abandonaría la música y me dejaría llevar por las inciertas circunstancias del destino.

Siempre me sentí rara en todas partes. No pertenecía. Ni en Bakú (porque no era azerbaiyana) ni en Rusia (porque nací en un país musulmán), ni siquiera en España, donde pasé gran parte de mi vida, por ser de origen ruso.

Desubicada y sin un destino claro. No siendo músico como todos los miembros de mi familia. ¿Qué iba a hacer con mi vida?

A los 14 años decidí ponerme a escribir. Me aburría y la lectura me salvaba de alguna manera. Plasmaba las historias de fantasía que revivía en mi mente de adolescente sin rumbo. Conversaciones con personajes imaginarios, una vida excitante, detectives, asesinatos, descubrimientos, tórridos romances, decepciones y pérdidas, y sobre todo reconciliación conmigo misma...

Pero estaba sola. No había nadie a mi lado para decirme que era buena.

Una de mis primeras clientes de *coaching*, Sofía, vivió algo parecido con respecto a la escritura. Un día oyó a su madre comentarle a su padre que había leído uno de los cuadernos que guardaba y en el que escribía a escondidas. Su madre decía que había visto lo mal que escribía, que no tenía talento, que no valía para eso...

Sofía recuerda lo mucho que le dolió. No entendía por qué su madre comentaba aquello. Es posible que la madre estuviera preocupada por su futuro, ya que a los 16 años ella aún no tenía claro a qué iba a dedicar su vida. O tal vez simplemente expresaba lo que de verdad sentía. Probablemente su manera de escribir era más bien simple, de poca calidad literaria. El caso es que a Sofía aquel episodio le resultó muy doloroso pues una de las personas más importantes de su vida, por no decir la que más, expresaba que no valía para algo que para ella era tremendamente importante. Algo que podía constituir incluso su misión de vida.

Desde entonces dejó de escribir y no volvió a ello nunca más, sintiéndose inferior y en parte traicionada por sus padres.

Episodios como el de Sofía también los viví yo a lo largo de gran parte de mi vida. Siempre cuento que elegí mi carrera universitaria (publicidad y relaciones públicas) guiándome por consejos bienintencionados de conocidos que no tenían claro tampoco qué era eso de la vocación, misión o pasión. Fui una buena alumna, destaqué en asignaturas literarias y artísticas, pero sentía que no tenía suficiente talento para ello.

Es más, ni siquiera me atreví a hacer prácticas no remuneradas en alguna agencia de publicidad, pues mi relación familiar era complicada y, con 23 años, necesitaba nada más terminar la carrera ponerme a trabajar enseguida con la idea de marcharme de casa cuanto antes.

Llegaron a mí trabajos mal pagados pero cómodos y en los que no había que demostrar nada. Podía realizarlos casi en modo automático mientras escribía mis novelas (al igual que Sofía, a escondidas), mientras soñaba con mundos más bellos y me buscaba en el amor de pareja.

Nunca olvidaré a aquel chico cubano al que conocí por Internet y al que vi un par de veces en mi vida. No me acuerdo de su nombre pero sí recuerdo la ropa que llevaba yo el día que lo conocí. Una falda granate con flores y un top cortito. Tenía 23 años. Había conseguido mi primer trabajo de recepcionista por el que cobraba 750 euros al mes. Por fin tenía algo de dinero y hasta me sentía orgullosa de ello.

Recuerdo nuestra primera conversación. El chico me dijo que por mi forma de ser los trabajos que me convenían eran de poca responsabilidad (estoy casi segura de que lo dijo con su mejor intención), puesto que era callada y tímida. Estábamos sentados en el McDonald's de la Plaza de los Cubos tomando un helado. Era a finales de verano, tal vez septiembre. Recuerdo cuando su mirada se posó en una de las camareras y me dijo que un trabajo de ese tipo sería perfecto para mí.

No tengo nada en contra de los camareros del McDonald's, pero ¿camarera después de cinco años de carrera? ¿De verdad? Me sentí profundamente decepcionada y no supe qué contestarle. Por dentro trataba de asimilar aquella información. A lo mejor tenía razón, pensaba. «Tal vez los únicos trabajos para los que sirvo sean de este tipo: dejarme mandar, acatar órdenes, llevar platos...».

Han pasado muchos años de aquello. Pero si echo la mirada atrás veo que mi vida ha estado plagada de señales (todas falsas, por supuesto) de que lo mío no era brillar sino todo lo contrario: lo mío era un destino de ratita gris. Tímida, encorvada, avergonzada por no ser como todos, desubicada, falta de identidad, buscando amor de forma desesperada en hombres que me rechazaban o no podían dármelo porque siempre había alguien más... Confirmando a cada instante lo poco que valía, lo insegura que era y resignándome a una vida sin aspiraciones, dejándome llevar por la corriente.

Ahora veo que todo era mentira. Ninguna de esas personas de mi pasado tenía razón. Nadie tiene el derecho de decirte si eres suficiente o no para ser alguien. Si sientes que tu vida te duele, te incomoda, si crees que mereces otra vida mejor... estás en lo cierto.

Cierra los ojos ahora mismo y pronuncia por dentro la palabra «brillar». Imagina lo que surge ahora mismo cuando pronuncias esa palabra. Quédate ahí unos segundos... o algo más.

¿Lo has hecho? Si no, hazlo ahora. No sigas leyendo.

El tema de brillar a menudo se ha asociado socialmente con egoísmo, egocentrismo, soberbia, creerte superior a los demás, sentirte mejor que el resto...

Y si te vas al polo opuesto te encuentras con la falsa creencia de que no eres quién para brillar. Que es algo reservado para otros, los especiales, los elegidos, los fuertes, los ambiciosos, los seguros, los líderes...

Ahora volvamos a ti. Al momento en el que cerraste los ojos y conectaste con la palabra «brillar».

¿Qué sentiste, qué viste, qué pensamientos surgieron en ese momento? ¿Te sentiste cómodo o no tanto? ¿Viste a otra personas o te viste brillando?

A menudo sucede que son los otros los que nos dicen lo que está bien o lo que está mal.

Cuando el niño nace y crece, los primeros años de vida cree que el mundo gira a su alrededor. Es totalmente normal. Es la etapa del ego, del Yo. Necesita ser visto para que lo atiendan, le den de comer, le proporcionen caricias... Si no es visto puede llegar a morir, pues no será atendido y no puede atenderse él mismo.

Está claro que a todos nos han atendido de alguna forma, pues si no fuera así no estaríamos aquí.

Pero cuando de pequeños nos han dicho que estar en el centro es malo, que somos engreídos, egoístas, que no somos tan importantes, que debemos callar y no molestar a los adultos... a veces adoptamos la estrategia de no molestar, de no llamar la atención, de no generar conflictos.

Y así ha sido en mi caso. Fui una niña que buscaba llamar la atención de sus padres de manera desesperada y, al ver que eso no le funcionaba, decidió ponerse en un segundo plano y aceptar que no sería la estrella, que no le correspondía el centro...

Así es como funciona nuestra mente automática. Busca estrategias de supervivencia. Si llamar la atención y no conseguirlo me frustra, y además me han inculcado la creencia de que llamar la atención es malo, egoísta... tal vez adopte la estrategia de comportarme de manera contraria para no frustrarme y no sufrir.

Y también otras personas, ya sean nuestros padres o educadores, profesores, etc. serán las que decidan por nosotros que no valemos para brillar, que no podemos destacar, que no debemos molestar... Pues si brillamos y destacamos, podemos molestar a otras personas.

Y así la creencia se hace más y más potente hasta que la conviertes en una convicción, en una verdad para ti.

PROPUESTA PARA TI

Ahora el trabajo consiste en desmontar esta creencia. En darte cuenta de que no es tuya y que tampoco es verdad.

Te invito de nuevo a cerrar los ojos y conectar con tu verdad, con tu brillo, con tu esencia.

Imagina que eres un sol y estás brillando, que todo tu cuerpo irradia una luz potente, intensa, hermosa... del color que veas.

Cierra los ojos y conecta con esa luz, quedándote ahí unos segundos... o algo más.

Cuando sientas que esa visión conecta con emociones, con sensaciones de tu cuerpo, pregúntate con sinceridad: «¿Dónde puedo brillar, qué me hace brillar, qué hago cuando estoy brillando?».

Surgirán frases o palabras vagas, o alguna visión... No las analices, simplemente obsérvalas, acéptalas y quédate un momento en conexión con ellas. Siéntelas y no las pienses tanto. Y mantén esa emoción, esa sensación positiva.

Si aún no te sale nada o sientes algo incómodo haciendo este ejercicio no pasa nada. Lo podrás repetir más adelante. En este libro iremos viajando a través de ejercicios de este tipo u otros para desbloquearte; estamos al principio del camino.

Si has logrado sentir algo (o no), apúntalo en tu cuaderno. Sensaciones físicas, lo que has visto, la emoción o las emociones que hayas sentido, las palabras o frases que han venido a tu cabeza. Todo cuenta. Apúntalo y de momento no lo analices, salvo que lo veas muy claro y hayas tenido algún momento *Ahá*, esos instantes de iluminación en los que te has dado cuenta de algo importante que hasta ahora no sabías o no eras capaz de ver.

Y ahora seguimos. Voy a compartir contigo un gran secreto (por supuesto es algo que yo he descubierto, así que si resuena contigo, tómalo; si no, permíteme simplemente expresarlo).

El gran secreto que he logrado descubrir después de trabajar yo misma durante los últimos 12 años y con mis clientes es este: todos, absolutamente todos, tenemos un don, o más bien dones; todos hemos venido a este mundo a brillar, para dar lo mejor de nosotros a este mundo.

Somos luz, somos parte de la energía universal, somos grandes, mucho más de lo que nos han hecho creer.

Nadie es prescindible en esta vida. Si has encarnado en esta dimensión, tu alma pidió llegar hasta aquí y ha querido desarrollar sus cualidades, crecer, evolucionar, compartir amor y regalar luz a otras almas.

Es así como entiendo la vida, nuestro paso por este planeta. No puedo demostrarte que sea verdad o mentira, como nada de lo que nos digan puede en el fondo demostrarse. Incluso la ciencia tiene sus limitaciones.

Yo elijo y siento esta verdad. Es la que me ayuda a crecer y sentirme bien conmigo misma y con los demás.

Y tú, ¿qué eliges pensar, sentir? ¿Es mejor pensar que todos nacemos con un don para evolucionar y crecer, o decirte que no vales mucho, que eres menos que los demás?

Decidir cómo creer, cómo pensar forma parte de nuestra libertad personal. Y todos podemos llegar a creer lo que nos propongamos. Simplemente necesitamos enfocarnos en esa dirección.

Ahí donde pones el foco va tu energía. Puedes alimentar el miedo y la desesperación, o alimentar el amor y el crecimiento. Ahora mismo, hoy mismo, puedes tomar esta decisión, aunque todavía no sepas a dónde vas a llegar.

Te propongo también que lo escribas en tu cuaderno. Yo decido... (y escribes lo que sientas aquí).

Por ejemplo:

«Yo decido brillar. Yo decido regalar amor y luz a otras personas. Decido encontrar mi camino, encontrar mi verdad, vivir de acuerdo a mi esencia. Yo decido mi libertad personal y escoger mi camino».

Escribe lo que sientas y conecta con esas palabras. Siente cómo esas frases van haciendo que tu respiración cambie o tus emociones sean más elevadas o tu energía más potente.

Porque estoy segura de que nos han contado una gran mentira: la de que no eres quien para brillar.

Nadie ha venido a este mundo a pasar desapercibido. Todos tenemos dentro esa luz, ese talento, esa misión que traemos de serie.

Y puedes descubrirlo. Es más: debes descubrirlo. Es posible que hayas escogido la profesión equivocada. Puede que tengas miedo de no conseguirlo. Tal vez tu familia no te entienda. Quizá no estés seguro de qué hacer ni cómo hacerlo... Pero créeme, no estás viviendo tu vida en vano. Todo lo que te ha pasado, lo bueno y lo malo, forma parte de ti, de tus aprendizajes, de tu crecimiento.

Aprovecha tu historia para hacerte más fuerte. Desafía a esas personas que no te dieron amor o más bien no supieron darlo, porque a ellos también les faltó y porque todos podemos equivocarnos.

Mírate al espejo ahora. Mírate a los ojos y di para tus adentros o en voz alta: «Merezco brillar», «soy valioso», «soy grande, más grande de lo que creo», «soy fuerza, soy amor, soy abundancia», «todo está en mí», «puedo tener la vida que deseo», «he venido a este mundo para brillar».

Levántate ahora y hazlo. No lo dejes. No lo aplaces. Aunque nadie te lo haya dicho aún, existe una persona que podrá decírtelo, y esa persona eres tú. Porque tus dudas acerca de ti no le sirven al mundo. El mundo ni siquiera se preocupa por ello, sigue su ritmo vertiginoso. Puedes elegir subirte al tren de la vida o quedarte en el andén esperando a que llegue el tren que perdiste siendo niña. Yo elegí subirme y espero que tú también te subas conmigo.

3. El síndrome de buena persona

¿A quién no le gusta pensar de sí mismo: «Soy una buena persona»? Bueno, a mí siempre me ha gustado (y te seré sincera, a día de hoy a veces también me gusta pensarlo).

Hace no mucho, en uno de mis directos en Instagram hablé de ese síndrome.

¿Y qué entiendo por buena persona? Pues básicamente alguien cómodo para los demás. Alguien que no molesta, no causa problemas...

Hace tiempo me sucedió una cosa curiosa en un café (me encanta trabajar en las cafeterías, pero desde que tengo hijas es casi misión imposible). Una mañana estábamos mi marido y yo en un café trabajando, justo después de dejar a nuestras hijas en la escuela infantil.

En la mesa de al lado vi a dos madres charlando con sus hijas de la edad de las mías en sus cochecitos (tendrían un año y poco más).

Las miré con dulzura y le dije a mi marido: «¿Te imaginas que las nuestras estuvieran así de tranquilas cada vez que vamos a cafeterías para poder trabajar?».

Carlos me miró y dijo: «Pues mira, yo prefiero que las nuestras sean inquietas. Es cierto que nos dan más trabajo, pero son niñas curiosas que se mueven, quieren aprender, y además no son tan obedientes...».

Y ahí tuve ese famoso momento *Ahá*, como lo llamamos en *coaching*. Ese darme cuenta de algo que no había considerado o no estaba viendo hasta ese momento.

Nuestras hijas no son obedientes, no son cómodas para nosotros como padres. Son rebeldes, con carácter propio, curiosas e inquietas.

A decir verdad, así era yo de pequeña. Hasta que los mayores me dijeron que no era bueno ser tan rebelde, tan revoltosa, tan ruidosa, tan excesiva... Claro, para ellos era mucho más cómodo que obedeciera e hiciera lo que «hay que hacer».

Y así, muchas personas crecemos tratando de agradar a los demás, de no molestar a los demás; procuramos ser buenos, correctos, obedientes.

En ningún momento pretendo decirte que te vuelvas un fuera de la ley o hagas locuras... Simplemente te invito a observarte.

¿La gente destaca de ti el hecho de que eres una buena persona? ¿Vives pendiente de lo que puedan pensar los demás? ¿Tratas de agradar a otras personas? ¿A quién en concreto?

¿Qué pretendes alcanzar con esa actitud?

Te voy a revelar algo bastante incómodo: las «buenas personas» solemos buscar aprobación externa, pues en el fondo no nos sentimos buenas por ser como somos. Por eso son los demás los que tienen que aprobarnos.

Detrás, posiblemente haya alguna herida de la infancia: rechazo, abandono, humillación o injusticia...

Por ejemplo, si tengo la herida de rechazo, puedo pensar que si me han rechazado en mi infancia o adolescencia es porque hay algo malo en mí. No soy digno de ser amado... Por eso huiré de las demás personas y cualquier crítica me dolerá mucho, trataré de hacer las cosas perfectas para que nadie pueda rechazarme (aunque en muchas ocasiones de mi vida me sentiré rechazado, porque de base creo que no soy bueno).

Si tengo la herida de abandono, buscaré el amor de los demás de forma desesperada, pues no sé estar solo, tengo miedo a que me dejen y abandonen, necesito que otros me quieran para no sentir mi gran herida de soledad y pérdida. Por eso haré lo que pueda por agradar a los otros y obtener ese amor. Y para obtener su amor, seré bueno y obediente, así no se irán de mi lado.

Si tengo la herida de humillación, creeré que hay algo sucio o vergonzoso en mí, que otros tienen «derecho» a tratarme de forma negativa (por supuesto, es algo totalmente inconsciente y absurdo), de modo que me esforzaré en ayudar a los demás para conseguir «limpiarme» y así poder esconder mi lado feo.

Existen muchas más heridas; aquí solo menciono algunas, por si te resuenan, pues muchas personas tenemos alguna o varias de ellas.

Ser buena persona también es ser alguien humilde, sencillo, alguien que no molesta a los demás, sino que ayuda, no destaca y no se pone en primer lugar.

¿A qué te suena? Son los valores cristianos que todos de sobra conocemos.

¿Y qué es lo contrario a la humildad y la sencillez? Pues la soberbia y la vanidad, que forman parte de los pecados capitales.

¿Y quién es el que no ayuda al resto y se pone en primer lugar? Pues el egoísta, el engreído, el que pisotea al resto.

Sé que son ejemplos muy exagerados, totalmente contrarios... Pero a decir verdad nuestra mente inconsciente funciona en base a esas polaridades. Si me voy al extremo de ser bueno y pensar en los demás, lo que más temo es irme al extremo contrario, aunque este de vez en cuando aparecerá a través de mi sombra.

Al notar que mi sombra me invade tendré deseos de huir de ella y volveré a mi zona cómoda: volviendo a ser esa buena persona, ayudando a los demás, olvidándome de mí mismo.

¿Significa todo esto que debo alejarme de ser humilde, dejar de ayudar y convertirme en mi sombra?

¡En absoluto! Eso es lo que mi mente inconsciente teme y, por tanto, no haré. Pues ahí, en la sombra, veo peligro y tengo miedo. No querré entrar nunca en ese lugar de manera consciente.

Lo que sí puedo es llegar a un acuerdo y encontrarme en el medio.

PROPUESTA PARA TI

Mi propuesta para ti es muy sencilla pero también profunda: obsérvate en los próximos días. ¿Existe en tu vida ese equilibrio entre dar y recibir? ¿Estás dando de más esperando recibir amor y aprobación a cambio?

Anota en tu cuaderno las veces que dejas de pensar en ti poniendo antes a los demás y comprueba cuántas veces al día te has elegido a ti antes que a otros. Simplemente observa. Normalmente vivimos en modo automático sin ser conscientes de cómo nos comportamos y en los pequeños detalles es donde se ve la diferencia y empiezan los cambios.

Pregúntate también en qué te beneficia ser esa buena persona, qué ganas y qué pierdes comportándote así.

Piensa en alguien a quien admiras y quien, según tú, no tiene ese síndrome de buena persona. Alguien que vive su vida de acuerdo a sus valores, sin buscar la aprobación de los demás.

Y más aún, ¿conoces a alguien que siendo buena persona se pone en primer lugar en su vida? ¿Es alguien realmente egoísta?

Para finalizar este capítulo, te propongo algo más. De todas tus acciones de buena persona, elige cambiar una. Por ejemplo, si comes rápido porque tienes que ocuparte de tu madre o tu hija o de alguien de tu entorno, tómate 10 minutos más para ese momento contigo.

Y observa. Simplemente observa. ¿Qué ocurre en ti, en tu interior? ¿Ha cambiado algo con respecto a tu relación con los demás? Permítete esos pequeños ajustes en tu vida diaria y revisa los cambios, por pequeños que sean, que se van produciendo en tu vida a partir de ahí.

4.¿No sabes cuál es tu sueño? ¡Bienvenido al club!

Bien. Puedes decirme: «De acuerdo, he venido a brillar... pero, ¿cómo voy a hacerlo?, ¿en qué voy a brillar?». O puede que tengas varias ideas pero no estés seguro. No pasa nada.

Para empezar, seré sincera contigo. Yo tampoco lo tenía claro. Vamos, no lo tuve claro hasta que cumplí los 34 más o menos. ¿Te das cuenta de que es muy común no saberlo?

Es normal sentir que no sabes a dónde vas, porque... te voy a descubrir una clave:

Para encontrarte, lo primero que tienes que hacer es sentirte perdido. Aceptar tu crisis, abrazarla.

La palabra «crisis» en chino está formada por dos ideogramas: peligro y oportunidad. A nadie le gusta sentirse en peligro, pero si cambias el enfoque y ves que hay oportunidades, ¿puedes ver cómo cambia la cosa?

Cuando me escriben lectores de mi *blog* o trabajo con clientes en procesos de *coaching*, muchos de ellos se quejan de que están pasando por una crisis vital: no saben dónde están, qué les ocurre; tienen miedos, dudas, están perdidos... ¿Sabes qué les digo al respecto? ¡Enhorabuena! Sí, aunque suene raro o paradójico... Les comento que están viviendo una transformación, un punto de ruptura (en griego la palabra «crisis» etimológicamente significa separar o romper).

En la vida todo es cuestión de enfoque. Donde pones tu foco va tu energía. Al final todo tiene que ver con a qué le prestas atención. Es como cuando estás embarazada y ves embarazadas por la calle. O te has comprado gafas nuevas y ahora ves a muchas personas llevando ese modelo de gafas. Simplemente estás enfocándote en ello, estás predispuesto a prestar atención.

Lo mismo ocurre con cualquier otra cosa. «Como haces una cosa, haces todas», dicen los sabios.

Puedes estar desganado, triste o perdido y solo ver el lado negativo de esa situación. O puedes decirte: «No sé lo que quiero, pero algo está moviéndose dentro, algo está pidiendo salir... y esta puede ser la oportunidad de mi vida».

Muchas personas, si no fuera por las crisis —un despido, una separación, incluso enfermedad— no se habrían convertido en lo que en *coaching* llamamos «tu mejor versión». Porque la crisis o el sentirte perdido te hace reaccionar, te hace darte cuenta de que algo lleva mucho tiempo yendo por mal camino.

Cuando estás perdido no sabes lo que quieres, pero eres consciente de que no quieres seguir tu vida de antes. Tienes la oportunidad de elegir: seguir quejándote y echando balones fuera o tomar una decisión diferente, incluso si te da miedo.

En capítulos anteriores compartía contigo cómo aceptaba trabajos que estaban por debajo de mi capacidad y conocimientos por miedo a no tener dinero, por la necesidad de independizarme (y lo más interesante de todo es que no lo hice; no me fui de casa de mis padres hasta que la gran crisis llegó). Estuve más de 7 años trabajando en algo que no tenía futuro pero me proporcionaba una falsa sensación de seguridad: un contrato indefinido mileurista. El sueldo no me permitía alquilar un piso para mí sola, y, si quería independizarme, debía compartir piso.

A los 30 decidí que necesitaba hacer algo diferente. Conocí al que es hoy mi marido y él me hizo ver que yo valía mucho más. Que era inteligente, que tenía multitud de talentos y los estaba desaprovechando mientras seguía trabajando en una empresa tecnológica coordinando trabajos de ingenieros por teléfono.

Hasta ese momento nadie había creído en mí. La gente decía que era inteligente, pero eso era como no decir nada. Compañeras de universidad que sacaban notas mucho más bajas que yo trabajaban en agencias de comunicación como ejecutivas de cuenta y yo me avergonzaba cada vez que alguien me preguntaba a qué me dedicaba.

A los 31 años decidí hacer algo con mi vida y me apunté a un curso de *community manager,* porque era lo que estaba de moda en esa época. Tenía que ver con mi carrera inicial, Publicidad y Relaciones Públicas, y además me gustaba Facebook.

Gracias al apoyo de mi pareja me mudé con él a Múnich (Alemania), donde encontré unas prácticas en temas de redes sociales en una joven empresa de publicidad. Después pasé a trabajar en una empresa de *marketing online*, eso sí, en cosas que poco tenían que ver con mi perfil: era experta en datos.

Como ves, estaba cambiando de profesión, de país, de vida... pero seguía sin saber cuál era mi sueño, seguía estando perdida, sin rumbo.

Fue en otro momento de cambio o crisis cuando surgió la idea de abrir un *blog*. En mis ratos libres me pasaba el tiempo escuchando clases de la filosofía védica, algo así como *un Curso de milagros* desde otro punto de vista, temas espirituales que iba aprendiendo y me fascinaban. Decidí abrir un *blog* a las pocas semanas de casarme, época en la que vivía en Rotterdam (Holanda). No tenía ni idea de cómo hacerlo. Simplemente entré en la *web* de Wordpress y seguí las instrucciones. Ese mismo día publiqué mi primer *post* y se lo envié por correo a mis amigos.

Seguía sin saber cuál era mi sueño. ¿Acaso de pequeños nos enseñan cómo conectar con nuestros sueños y pasiones? En realidad no. Lo que nos enseñan es a acatar órdenes, a obedecer, a tener un trabajo fijo, algo que en el nuevo paradigma que estamos viviendo en el siglo XXI no tiene sentido. Porque no nos quedará más remedio que reinventarnos, y en más de una ocasión. Y es genial que así sea, porque es parte de la transformación que estamos viviendo a todos los niveles. El que se adapta al cambio, sobrevive.

En *coaching* siempre partimos de un punto: del momento actual, de la situación que quieres mejorar. Y lo primero que les pido a mis clientes es que acepten algo que no les gusta. No que se resignen, sino que lo reconozcan y abracen la situación en su totalidad.

Porque a menudo luchas contra algo que te niegas a reconocer. Te sientes peor, inferior al resto porque crees que no estás viviendo lo que te corresponde. Seguramente no estés viviendo la vida que mereces todavía (recalco la palabra «todavía»), pero eso no significa que la cosa no cambie mañana, y especialmente si pones de tu parte para conseguirlo.

Lo primero es aceptar mi situación actual. Lo segundo, reconocer que no sé. Que estoy perdido. Y aceptar que es algo normal. Que no pasa nada.

¿No te da la sensación de que todo lo que te pasa y que incluso les escondes a los demás solo te sucede a ti? ¿Que parece que nadie más está como tú, que eres el único raro de tu familia o de tu círculo de amigos?

¿Y si te dijera que la mayoría sentimos cosas muy parecidas, que lo que te ocurre a ti le sucede a un gran porcentaje de la población? Será por eso que cuando nos reunimos con personas similares en un curso o taller de repente nos tranquilizamos porque entendemos que lo que nos pasa es normal, que no hay nada de malo en ello y que al fin y al cabo somos humanos.

Te recomiendo escribir tu manifiesto de reconocimiento en un cuaderno:

«No sé qué quiero de la vida todavía y es perfecto que sea así».

Escríbelo, no lo dejes para luego.

Ahora, desde la humildad, la aceptación y el reconocimiento de que no sabes es más sencillo dar el siguiente paso.

Si nunca has tenido el abrazo de una madre, ¿acaso sabes cómo se abraza a un niño? Es normal que no lo sepas o te cueste. Yo me he machacado por ello, creyendo que no era como todas las demás mujeres que saben cómo tratar a los niños. Y siempre me he sentido incómoda con bebés. Con niños la cosa mejoraba, porque puedo jugar con ellos como una amiga, pero no sabía tratarlos de manera maternal. Eso me había estado avergonzando mucho hasta que en una terapia descubrí que no era mala, que nada fallaba en mí; simplemente no me habían enseñado a hacerlo.

Ahora ya sé de dónde parto. Y eso mismo puedes saberlo tú. Saber que si estás perdido y no encuentras tu camino, en realidad estás en el camino correcto porque has reconocido y aceptado un hecho y ahora tomarás el camino necesario para ir a por tu objetivo: aprender a brillar.

No te prometo que será un camino fácil. Pero ¿sabes qué? Si fuera fácil, todo el mundo lo haría. Precisamente porque es difícil solo unos pocos se atreven, y tú eres uno de ellos. Felicítate y demos el siguiente paso.

5. Por qué cuesta tanto conectar con la propia luz

¿Alguna vez te has preguntado por qué no ves en ti tus cualidades positivas? Lo pregunto en serio: ¿por qué nos cuesta tanto ver lo bueno de nosotros y en los demás lo vemos tan fácilmente?

La respuesta nos la trae Gay Hendricks, autor del libro *The Big Leap* o *Tu gran salto*.

Lo que Hendricks nos propone es que, al igual que un pez que nada en el agua, que es su medio natural, no es consciente de que está dentro del agua porque para él es lo más natural del mundo, a muchas personas nos cuesta ver nuestras habilidades innatas porque son demasiado naturales para nosotros.

A mí me costó Dios y ayuda encontrar mi pasión, o esas cualidades y talentos en las que podía brillar. Y la verdad es que no es fácil. De hecho está en esas pequeñas cosas que haces en tu día a día sin darte cuenta apenas.

Yo siempre he sido defensora de los débiles. La que buscaba agradar a los demás, haciéndoles sentir especiales. Regalaba mis juguetes a otros niños. Creía ayudar a mi abuela tirando tomates maduros por la ventana. Y casi siempre acababa metiendo la pata.

He sido siempre la niña de buenas intenciones a la que muchas veces se la malinterpretaba.

Me dirás: ¿qué tiene que ver esto con la luz? Bueno, tiene mucho que ver. Solo que no se percibe a simple vista.

Así que vamos a empezar a ver esa luz tuya desde ya.

Haz una lista de cosas de tu infancia. ¿Qué te gustaba hacer, cómo tratabas a los amigos, a la familia? ¿Qué curiosidades recuerdas de ti?

Yo, por ejemplo, era capaz de recitar poemas con solo 3 años. Devoraba cuentos y libros de todo tipo que caían en mis manos. Era muy inquieta, revoltosa y quería ser el centro de atención. Yo quería destacar y ser escuchada, pero no tenía medios ni oportunidades para ello.

Si no recuerdas tu infancia puedes preguntarles a tus padres o hermanos mayores. También puede ayudarte contemplar una foto de tu infancia y escribir sobre esa niña que ves en la foto. Si te dejas llevar, si no analizas, sino que simplemente vas escribiendo lo que nace de ti, incluso si no tiene mucho sentido, irás descubriendo cosas muy interesantes de tu pasado.

Puedes incluso describir tu infancia y adolescencia en tercera persona, como si se tratara de otra persona que no eres tú. Así te distancias y vas narrando año tras año lo que esa niña o niño vivía, sentía, experimentaba, los momentos difíciles o dolorosos a los que se enfrentaba, cómo resolvía sus problemas o dificultades, qué se le ocurría, qué cosas solía hacer, etc. Es otra manera de conectar con esa luz interior que ahora no ves conectada con tu esencia.

¿Qué es esto de la esencia?, puedes preguntarme. En realidad no es fácil de explicar. Se trata de que conectes en los ámbitos mental, emocional y hasta físico (sintiéndolo en tu cuerpo) con esos momentos de plenitud en tu vida.

¿Qué haces cuando te sientes pleno? ¿Qué actividades o cosas te hacen sentir esa plenitud?

Probablemente sean cosas poco productivas, me dirás. Y estarás en lo cierto.

Cuando nos sentimos plenos a menudo se trata de momentos de relax, de ocio, pero ahí es donde están los pequeños detalles que nos darán las claves.

Puedo ponerte mi ejemplo: «Me siento plena cuando doy paseos por la orilla del mar. Estoy a solas, andando, escuchando alguna música relajante, clásica o jazz, o incluso sin escuchar nada, simplemente andando, moviéndome... Me cuesta mucho estar quieta, necesito movimiento. Es como si en el movimiento encontrara un sentido a la vida, o eso que se llama fluir».

Fluir con la vida. Un camino, el mar o el campo, es decir, naturaleza, andando, reflexionando, sintiendo, respirando... Ahí está mi momento de plenitud.

Pero no solo ahí. Me siento plena conversando sobre la vida, filosofando: ¿qué sentido tiene la vida?, ¿para qué estamos aquí?, ¿hay otra manera de ver las cosas?, ¿y si todo lo que nos han hecho creer no fuera cierto? En esos momentos reflexivos también estoy conectada con mi esencia.

También me siento plena cuando enseño cosas que aprendo (no me refiero solo al ámbito profesional, sino también a los *hobbies*). Por ejemplo, me encanta la astrología, que llevo años estudiando y practicando, y me entusiasma compartir mis aprendizajes con mi marido o revisar si eso que he aprendido encaja con mi carta natal o la de mi familia.

Otra de las cosas que me hacen sentir plena es irme a cafeterías bonitas con música agradable a tomarme un café mientras escribo en el ordenador. Ahí es donde me siento más inspirada, más creativa.

¡Ah! y los aeropuertos. Adoro viajar y, cuando espero el avión, me encanta ponerme a escribir. También en el tren. Como ves, otra vez movimiento.

Me encanta escuchar historias de personas diferentes, me encanta oír de sus vidas, imaginar existencias observando de noche casas con ventanas iluminadas, pensando en esas personas, sus alegrías y sus penas, sus rutinas... Eso me encanta. No sé por qué. Será porque en los momentos en que me siento plena conecto con la vida, conecto con los demás.

También una de las cosas que me hace sentir plena es comunicar lo que descubro, llevar el mensaje al mundo. Quedármelo me parece muy pobre. No quiero enriquecerme yo sola a nivel personal. Quiero que el mensaje transforme a otros. Comunicar desde la experiencia, la sabiduría interna, comunicar aquello que no estamos acostumbrados a oír.

Como ves, todo lo que te relato no tiene que ver con una profesión; tiene que ver con lo que te hace sentir pleno. Eso es lo que tienes que buscar en ti. Esos momentos, situaciones, circunstancias concretas en las que te sientes realmente bien.

Te propongo no detenerte, buscar en toda tu vida, desde que eras niño o adolescente, esos momentos de plenitud. No te quedes con una o dos cosas.

Tu esencia se va manifestando a cada paso; simplemente detente a escucharla.

Mientras estoy escribiendo estas líneas, estoy otra vez conectada con mi esencia. No me cuesta escribir esto que lees; fluye de mí, fluye de mi interior, me siento en paz y reconfortada.

Busca esos momentos de plenitud. Si te cuesta encontrarlos ahora, obsérvate durante una semana. Detecta esos momentos en los que te dices «estoy bien ahora, estoy muy bien». Es posible que sean breves o apenas imperceptibles, pero son parte de tu luz, de tu esencia. Obsérvalos, ponles un nombre y escríbelos en tu cuaderno, así los tendrás ahí para siempre; es un recurso que ya tienes para acudir a él cuando te encuentres perdido, confuso o con miedo.

Tienes las herramientas dentro de ti. Esto es lo más poderoso que me ha enseñado el *coaching*.

6.Tu pasado no te define

Quiero hablarte de algo que aprendí en mi camino de transformación, algo que al principio no valoraba; no creía en ello, pero me cambió. Y espero que te cambie a ti también.

Quiero proponerte aquí que te reconcilies con tu pasado porque muy a menudo el hecho de no aceptarlo y no perdonarlo nos hace sufrir, y mucho. Y se convierte en la piedra angular que nos impide avanzar en la vida.

¿Hay algo en tu vida de lo que te arrepientas? ¿Algo que sabes que no deberías haber hecho? ¿Algo que le hizo daño a una persona cercana?

En mi caso ha habido de todo. Como relaciones de pareja que no me perdonaba. Relaciones que ahora veo completamente tóxicas, en las que no se me valoraba pues ni yo misma sabía valorarme. Relaciones en las que era constantemente ignorada, desplazada al último lugar. Y eso le dolía a mi Yo actual. ¿Cómo es posible que mi Yo de antes se dejara pisotear de esa forma?

Pero antes quiero compartirte algo que sentí hace años un día de lluvia de verano.

Aquel lejano día de junio me sorprendí en la cocina comiendo cerezas con cuidado: estaban ricas y eran dulces, pero muchas de ellas ya estaban pasadas. Las tomaba con especial cuidado, pues tenía miedo de encontrar un gusano dentro.

¿Te da miedo encontrar gusanos en tu vida? Quizás la pregunta suene absurda... pero ponte a pensar. ¿Vives con cuidado para que nada se estropee? ¿Para que nada perturbe tu paz? ¿La lluvia te pone triste?

A mí la lluvia siempre me había puesto triste...

Y en un proceso de *coaching* donde yo era el cliente descubrí algo interesante: la lluvia me transportaba a la soledad, a momentos de no encontrarme en la calle jugando, sino sola en casa de mis abuelos, sin mi hermana ni mi madre, mirando por la ventana.

Es en el pasado donde se encuentra nuestro mayor dolor.

En este libro viajaremos al mundo de las emociones que no te gustan pero te acompañan, lo quieras o no. Pues aunque tu pasado no te define, a menudo sentirás justo lo contrario: que tú eres tu pasado.

Mientras tanto, vamos a hacer un pequeño ejercicio; ¿te gustaría acompañarme? Deja el libro a un lado por un minuto solo. Ponte cómodo y cierra los ojos. Y déjate sentir. Sea lo que sea eso que sientas, siéntelo, no lo niegues. Está aquí y ahora para enseñarte algo de ti. No sabemos qué es pero es algo que puedes necesitar más que ninguna otra cosa. ¡Allá vamos!

No sigas leyendo si no te permites esos instantes de silencio, y sobre todo dejarte sentir...

¿Qué has sentido? Yo, mucha paz. La paz que sentía mi abuela Nonna mirando por la ventana de mi dormitorio en la casa de mis padres en Las Rozas, viendo tanto verdor. El verde nos conecta con la naturaleza. El frescor del olor a lluvia, con la vida, con agua, nos devuelve a nuestros orígenes, casi al vientre materno.

¿Y qué tiene que ver todo esto con el pasado, con la aceptación y el perdón? Tiene que ver todo. Si en esos momentos de paz has sentido inquietud, lo cual es muy normal (a mí al principio me sucedía a menudo), es que hay algo en tu pasado que te retiene, que no te deja avanzar.

Soltar ese pasado, sea en el ámbito nivel familiar, de pareja, de hijos o de ti mismo es esencial para crecer. ¿Qué te duele? ¿Qué te retiene? Echa la vista atrás. Si puedes, escríbelo, exprésalo, no te lo guardes dentro.

Lo primero es soltar toda esa carga que no nos corresponde... Porque ¿sabes qué? Seguramente lo habrás oído miles de veces, pero tengo que repetirlo también ahora: eres perfecto como eres. Perfecto desde ya. Perfecto desde siempre. Y perfecto desde el error. Más si cabe, perfecto en el error.

Buscamos la perfección desesperadamente y no nos damos cuenta de que ya somos todo aquello que estamos anhelando. Todo está ya aquí: la perfección, la belleza, la inocencia. Puede que te cueste creerme. A mí también me costó creerlo.

Así que antes de proseguir, guárdate una hora para ti, con tu café o tu taza de té, en casa o en una cafetería, y empieza a escribir aquellas cosas de las que te arrepientes, sin pensar si lo estás haciendo de manera correcta o no. Simplemente escribe... «Me arrepiento de...».

Más adelante volveremos a ello a un nivel más profundo. Por ahora te propongo que sueltes todo eso en tu cuaderno.

Y cuando termines de escribir, añade una frase esencial: «Me perdono por...».

O si lo prefieres puedes tachar los «me arrepiento» y sustituirlos por «me perdono».

Y si quieres multiplicar el efecto, lee en voz alta esas frases, comenzando siempre por el «me perdono», incluso si aún no te sientes capaz de perdonarte. Al enunciarlo, al escribirlo, al permitirte decirlo... ya estás dando el primer paso. Incluso si no te estás dando cuenta de ello... todavía.

7. Regálate una gran pregunta

Cuando conocí al que es mi marido, hace más de 13 años (¡cómo pasa el tiempo!), Carlos me hizo la siguiente pregunta: «María, ¿dónde te ves en 10 años?, ¿qué esperas del futuro?».

No era la primera vez que me lo preguntaban y tanto en esa como en ocasiones anteriores nunca sabía qué contestar a esa extraña pregunta. Enseguida venía a mi mente el *pack* socialmente aceptado de familia, hijos, un trabajo mejor y una casa en propiedad. Todo aquello me resultaba demasiado banal, pero tampoco se me ocurría una respuesta mejor.

¿Tenía miedo de no conseguirlo y por eso no me permitía sentirlo? ¿No quería parecer una más de las que se suma al *pack*? ¿Rechazaba un modelo de vida que asociaba a algo demasiado típico?

En estos casos podía elegir 2 cosas: fingir que ese era precisamente mi futuro soñado o decir la verdad. Cuando conocí a Carlos, recuerdo que opté por la verdad: «Mi deseo es ser feliz, entender quién soy y qué hago en esta vida, amar la vida y a los demás... aunque me resulta muy difícil conseguirlo». El pobre no me entendió en aquel momento. Estábamos sentados en una tetería árabe cerca de la plaza de Santa Ana, fumando una *sisha*.

No, no trataba de impresionarlo. Simplemente me atreví a decir la verdad. Total, ya no era una niña, acababa de cumplir 30 años y me parecía que era la persona más adulta del mundo.

¿Quién soy? ¿Para qué estoy en este mundo? ¿Alguna vez te has planteado esta gran pregunta? Puede que sí. Quizás no. Da igual. Es una buena pregunta. Muy buena. Difícil de resolver. Grande. Muchas veces sin solución aparente.

Existen preguntas que solo la vida misma nos lleva a responder. Preguntas potentes, abiertas, inconclusas, bellas y terribles al mismo tiempo.

¿Y si al preguntártelo de repente descubres que el hombre que duerme a tu lado desde hace más de 5, 10 o 20 años no es con quien deseas estar? ¿Y si te das cuenta de que tu trabajo, o la ausencia del mismo, te está haciendo la vida imposible? ¿Y si te arrepientes de no haber hecho ciertas cosas en tu pasado? ¿Y si descubres que no sabes nada de ti, de la vida, de lo que te rodea? ¿Y si...?

Da igual. Pregúntatelo. Aunque no sepas encontrar la respuesta ahora. No hagas nada. No fuerces nada. Para. Para por un instante y mira por la ventana. O sal a dar un paseo. Sin música. Sin escuchar la radio ni ningún *podcast*, como hacemos algunas. Tú a solas. Tú contigo.

Yo acabo de hacerlo en este instante. He percibido la ligera brisa de la primavera, fresca y serena, tímida. Voces de niños jugando a lo lejos en la urbanización, el constante piar de algunos pájaros, un cuco que irrumpe sin invitación en este concierto imperfecto de la primavera.

«¿Quién soy? ¿Qué hago en esta vida? ¿Para qué estoy aquí?».

No lo sé. No lo sabes. Y no pasa nada. Ni siquiera importa realmente. Esta es una pregunta grande que quizás solo el tiempo resolverá. Y mientras tanto acepta que la incertidumbre es maravillosa. Esa amiga curiosa. Esa vecina impertinente, hermana de la aventura y magia. También llamada vida.

Porque, en realidad, cuando no sabes cómo acaba el juego, ¿acaso no es divertido jugar?

Dicen los filósofos y autores del crecimiento espiritual de nuestro tiempo que a esta vida no hemos venido a aprender, sino a desaprender. Que la vida es una escuela. Y que todo lo que nos sucede, lo entendamos o no, es por una razón: debemos aprender algo de todo esto.

Primero entender que no sabemos nada. Que no entendemos nada. Que somos más niños de lo que creíamos o nos han hecho creer. Pero es bello; es maravilloso detenernos a observar la vida y preguntarnos grandes cosas y aceptar que no sabemos y empezar a jugar.

Hoy te invito a un pequeño ejercicio y una reflexión profunda y simple. Parar por un instante y observar qué surge en tu mente en estos momentos, mientras la gran pregunta nace de tu alma: ¿Quién soy?, ¿qué hago aquí?, ¿qué sentido tiene todo esto?

Te recomiendo escribirlo o grabarlo. O abrir un *blog* y contarlo a los cuatro vientos. O pensarlo, sentirlo, vivirlo. Y aceptar la incertidumbre, porque es ahí donde comienza tu juego. En la certeza de que no sabes nada y estás dispuesto a descubrirte.

Has pasado mucho tiempo sin escucharte, sin cuidarte de verdad, sin amarte realmente. Te has machacado, te has dañado, te has tratado mal. O has permitido que otros lo hicieran contigo.

Hoy es tu día. Regálate una gran pregunta. Pero no te obsesiones con ella. Obsérvala. Suéltala. Y prosigue. Tu camino no ha hecho más que empezar.

8. Las ventajas de tener una baja autoestima

Muchas personas con las que trabajo como *coach* y alumnas de mis cursos dicen de sí mismas que les falta autoestima.

Es decir, no se aman, no se respetan, no se ponen en primer lugar, no se cuidan, permiten que otras personas les hagan daño, las traten o les hablen mal, les pidan demasiadas cosas...

Y no solo eso: se creen inferiores a otras personas, se sienten insuficientes, no merecedoras, peores, incapaces o incompetentes...

¿Te suena algo de esto? A mí sí. Es la historia de mi vida.

Chica tímida, que no se gusta a sí misma, ayudando siempre a los demás, sobre todo a su familia, a costa de su bienestar, buscando migajas de amor en relaciones totalmente tóxicas, aguantando burlas y desprecios de seres queridos... Con empleos por debajo de sus capacidades o nivel de estudios, cobrando muy poco, de manera que ni siquiera puede irse a vivir sola a un apartamento...

Puede que en tu caso no se dé todo de golpe, pero algo de esto posiblemente te suene.

¿Qué ocurre cuando decimos «es que tengo baja autoestima»? Pues sencillamente que estamos justificando nuestra situación.

La baja autoestima se convierte en nuestro verdugo y nosotras en víctimas de su poderío. No podemos escapar de sus garras. Es ella la que nos obliga a comportarnos así.

Es lo que en *coaching* estratégico llamamos «problemas de seguridad». Un problema conocido, al que le tengo cierto cariño, sé que me hace daño pero siempre está ahí, protegiéndome de males más grandes. Como ese amigo con el que no lo paso muy bien pues me hace sentir inferior, por ejemplo, pero al menos no estoy solo.

Como el fumar, como mantener una relación tóxica, como trabajar en algo que daña mi salud... Lo conozco y es mejor lo malo conocido que lo bueno por conocer.

Cuántas personas nos escondemos detrás de la excusa de una baja autoestima para no pasar a la acción, para no enfrentarnos a nuestros miedos, para no escuchar voces incómodas, para no salir de la cómoda zona de confort.

Y es que ahí fuera hay otro tipo de problemas: problemas de calidad. Los problemas buenos que nos harán crecer y nos permitirán convertirnos en personas más capaces, con resultados del tipo que sean, pero resultados al fin y al cabo.

Ahí fuera está la temida incertidumbre.

¿Puedo confesarte algo? ¿Algo que incluso me da vergüenza confesar? Me ha costado mucho, muchísimo, empezar a escribir este libro. Porque no encontraba el momento. Y he encontrado todo tipo de excusas para no hacerlo: que si estaba haciendo un proyecto mayor en mi negocio como *coach,* que si tenía que atender a 20 clientes en una semana, que si respondía demasiados *emails,* que si tenía que contestar comentarios en mi *blog* y redes sociales...

Empecé a escribirlo con 37 años y no tenía ni un segundo para escribir. Así que lo dejé a medias. A los 41, siendo madre de dos terremotos de 2 años, decidí retomarlo.

Podrías decirme: «María, si no tenías tiempo antes de ser madre, ¿podrás decirme cómo vas a encontrarlo ahora que eres mamá de dos pequeñas y tienes tu propio negocio?».

Ahí está la respuesta. Obviamente a los 37 tenía muchísimo tiempo comparado con el que tengo a los 41 siendo madre y emprendedora.

Y es que mi verdadero problema era que no me atrevía a enfrentarme a alguien que no me caía del todo bien: ¡bienvenida, incertidumbre! ¡Hola, incomodidad!

No me gusta sentirte. No me gusta tenerte a mi lado. Quiero resultados. ¿Y qué resultados me ofreces, querida? ¡Ninguno! La vida no nos ofrece resultados, no nos promete certezas... Nos regala incertidumbre en oscuras bolsas de plástico, nos obsequia con miedos de colores variados, nos sonríe a escondidas y parece que se burla de nuestros sueños y esperanzas. Nos pasa a todos.

Así que el problema de la baja autoestima no es más que una excusa para NO pasar a la acción.

- «No puedo decirle esto a mi jefa porque tengo baja autoestima».
- «No puedo decir no a mis hijas por mi falta de fe en mí misma».
- «No puedo hablar en público, no confío en mí».
- «Soy una chica insegura, no sería capaz de emprender».

Te propongo que escribas esta lista en tu cuaderno y que la hagas todo lo larga que quieras.

Quiero que veas de un vistazo todas tus excusas juntas. Cómo, de todas las cosas que no te atreves a hacer, culpas a la falta de autoestima, la inseguridad, la incertidumbre, etc.

Y ahora, después de releer esa lista, te digas: «¿Qué cosas podría hacer desde hoy si tuviera una buena autoestima?».

Tener buena autoestima tiene más que ver con decisión que otra cosa. Se trata de decidir que vas a cuidarte más, que vas a tratarte mejor, que la próxima vez que te griten, aunque te sientas incómoda, le digas STOP al otro.

El verdadero problema de una autoestima baja es que te permites no tomar decisiones. O mejor aún: decides no decidir.

Y es que no dejas de decidir nunca. Incluso al no tomar una decisión estás tomando una decisión.

Porque nadie te ha puesto una pistola en la cabeza y te ha dicho: como le digas NO a tu agresor, te mato.

Da miedo, incomodidad, incluso dolor hacerlo, pero es posible; puedes realmente dar este paso ahora.

Así que de toda tu lista de cosas que no te atreves a hacer te propongo escoger la más sencilla de todas y ponerla en acción.

Toma la decisión hoy, por pequeña que sea. Y observa cómo te sientes al hacerlo, cómo crece tu autoestima un poquito más.

Descubre a tu maestra la incertidumbre y pregúntale qué te está queriendo enseñar. Pues solo abrazando la incertidumbre puedes abrazar tu autoestima. Al final se parecen mucho más de lo que imaginas. Y de esto vamos a hablar más a fondo en el siguiente capítulo.

9. Por qué seguridad y confianza no son lo mismo

Todo sucedió en una sesión de *coaching* con una de mis clientas que deseaba reinventarse, cambiar de trabajo y pasar a la acción, pero, lógicamente, como la mayoría de nosotros, tenía miedo.

Miedo a hacer algo que luego no saliera bien. ¿Te suena? Miedo a dar este paso que luego no sabes si te llevará al resultado deseado.

Nos pasa continuamente y lo veo tanto en mí como en mis alumnos, lectores, clientes de *coaching* y mentorías individuales. Por ejemplo, quieres emprender sabiendo con total seguridad que lo que hagas es lo correcto, que te dará resultados.

Craso error. Por supuesto, si haces las cosas bien desde el principio, trabajas a fondo con tu cliente ideal, te conoces al máximo, sabes cuáles son tus puntos fuertes y débiles, tienes claro qué te diferencia, analizas a tu competencia, creas un programa potente, etc. tienes muchas papeletas de tener éxito en tu emprendimiento... Pero la verdad es que nadie puede garantizarte resultados al 100 %.

¿Y sabes por qué? Porque la vida es incertidumbre. No es certeza. Y menos cuando emprendes un negocio, cuando te lanzas a un proyecto, te reinventas o cambias de vida.

En esta vida no existe un camino cierto.
La vida es pura incertidumbre.

Así que si buscas seguridad, lo siento mucho, pero te llevarás más de una decepción.

Otra cosa diferente es la confianza. ¿Y qué es la confianza? ¿Es acaso seguridad? No.

Cuando confías en que tu pareja te seguirá queriendo, que tus hijos estén bien, que mañana seguirás teniendo salud o ese trabajo, ¿acaso alguien puede garantizarte que no ocurrirá lo contrario? Nadie.

Ni siquiera tenemos seguridad de que mañana seguiremos vivos. Fíjate lo grande que es esta idea: no hay certezas ni garantías absolutas en esta vida. Ni siquiera un contrato fijo de funcionario te puede dar esa seguridad.

La vida es incertidumbre. Así de simple. Hasta que no lo aceptemos viviremos con miedo. Y es que la búsqueda de seguridad es una energía que proviene del miedo.

Porque este es otro gran descubrimiento que hice en aquella sesión (¡cuánto aprendo de mis alumnos y clientes!).

Cuando buscamos seguridad nos mueve el miedo. Esa es la energía que está detrás. ¿Por qué si no contratamos seguros de coche, hogar, vida, etc.? (Ojo, no estoy en contra de los seguros, yo misma los tengo; el miedo es una emoción necesaria también y nos permite sobrevivir). Pero contratamos seguros porque tenemos miedo de que pueda pasar algo. Si no tuviéramos miedo (y muchas veces no tenerlo nos convierte en personas temerarias), no aseguraríamos nada y viviríamos al día. Por eso el miedo es bueno y necesario en proporciones justas.

Pero cuando este miedo dirige nuestra vida, cuando buscamos certezas y seguridades en todo lo que hacemos, ¿qué ocurre? Nos volvemos prisioneros de esa emoción. Dejamos de disfrutar de la vida, de dejarnos llevar, de hacer pequeñas locuras para vivir una vida rutinaria, gris... y, lo peor de todo...

...Como no hay certezas en realidad, al pretender buscar la seguridad nos obsesionamos con el control, tratamos de controlar nuestra vida, nuestro trabajo, a nuestra pareja o a nuestros hijos, queremos controlar el curso de los acontecimientos, que muchas veces suceden de manera diferente a como nos lo habíamos planteado.

Ni yo misma me escapo de ello. ¡Cuántas noches he pasado en vela tratando de controlar situaciones externas a mí o buscando la solución ideal a un problema concreto! Al final no tenía sentido; la respuesta aparecía por sí sola durante el día, no cuando estaba a merced de mis miedos en plena noche, trazando estrategias fantasmas que se evaporaban al día siguiente.

> **Como no hay certezas, al pretender buscar la seguridad nos obsesionamos con el control, y esto acaba frustrándonos o llevándonos al estrés.**

Imagínate: quieres emprender y tener la certeza absoluta de que ganarás siempre una determinada cantidad al mes, pero esto no se produce. Entonces te frustras, te obsesionas buscando resultados, te apegas a ellos, te desesperas, sufres y quizás decides tirar la toalla porque sientes que eso no es para ti. Por desgracia, muchísimas personas abandonan en ese punto.

Pero hay una energía mucho más poderosa que el miedo y la búsqueda de seguridad y control: se llama confianza.

Por eso, en tu camino de cambio de vida, de empezar a apostar por ti, te sugiero dejar de lado la seguridad y abrazar la confianza.

La confianza es una energía basada en el amor. Cuando confías, ¿acaso sientes miedo? Todo lo contrario: sientes paz, amor, tienes fe. La confianza no se basa en certezas absolutas, no tiene que ver con la seguridad. Como decía Churchill: «El éxito es ser capaz de ir de fracaso en fracaso manteniendo el entusiasmo».

¿Y qué es el entusiasmo sino la fe y confianza de que quizás no ahora pero lo vas a conseguir? Sin la confianza yo no habría emprendido mi negocio. Sin la confianza me habría rendido ante las dificultades de ser madre.

Por ejemplo, empecé mi *blog* en 2013 sin idea de absolutamente nada. Un *blog* en Wordpress hablando de un tema que me apasionaba: espiritualidad védica y desarrollo personal. No había hecho estudio de mercado, de mi cliente ideal, no ofrecía servicios ni productos, ni siquiera tenía una lista de suscriptores, nada.

A veces me sorprendo al ver que llegué a vivir de ello. Obviamente sobre la marcha me fui formando, aprendiendo, contraté mentores y trabajé con *coaches* que me ayudaron en el camino pero, sobre todo, lo conseguí pasando a la acción. Me equivoqué muchas veces pero no me rendí.

No tenía certezas, me estaba acostumbrando a reconciliarme con la incertidumbre y estaba dispuesta a confiar, a creer que de una manera u otra ese sería mi sustento de vida porque me apasionaban el desarrollo personal y el *coaching*.

Algunos clientes con los que trabajo temen pasar a la acción hasta no tener súper claro que «esta es su idea ganadora». Pero emprender no es nunca un camino en línea recta.

Conozco pocos profesionales en el mundo del desarrollo personal que de entrada supieron qué iban a hacer y se enfocaron en ello sin cambiar de trayectoria.

Hay una palabra clave en esto de emprender y reinventarse: se llama pivotar. Lánzate, prueba tu idea, mira los resultados y, si no es lo que esperabas o no te llena del todo, pivota. Cambia de rumbo.

En el cambiante mundo actual, llamado también VUCA (acrónimo inglés que significa volátil, incierto, retador y ambiguo), el cambio está a la orden del día. Si no aceptamos que el mundo hoy es más incierto que nunca (trabajos que desaparecen, profesiones que surgen, robótica, tecnología de alto nivel, realidad virtual, etc.), nos va a ser difícil operar en este nuevo panorama que estamos viviendo.

Estamos viviendo un cambio de época lleno de grandes cambios y mucha incertidumbre.

¿Por qué entonces no son lo mismo seguridad y confianza?

Para mí son dos energías antagónicas. Pues una excluye a la otra. En la confianza no hay seguridad absoluta, sino todo lo contrario: hay un margen importante de incertidumbre.

La incertidumbre y el cambio son parte de la vida. A pesar de que los Gobiernos nos traten de vender lo contrario, cada vez hay menos seguridad y no nos queda más remedio que adaptarnos.

En vez de quejarnos por que otros nos protejan, nos den un trabajo digno o que un empresario nos contrate, ¿qué tal si empezamos por responsabilizarnos de nuestra vida? ¿Qué tal si nos damos cuenta de que somos nosotros y no otros los protagonistas de nuestra vida y los creadores de nuestra realidad?

Sí, el Estado nos protege o nos roba, ocurren ambas cosas... Pero no quiero entrar en temas políticos, no me interesan. Y no lo hacen porque mi felicidad y bienestar depende de lo que yo haga con mi vida, no yendo contra el sistema ni siguiendo sus premisas, sino creando mi propio sistema de vida, sabiéndome poderosa y creadora.

Cuando pregunto en mis talleres presenciales o sesiones de *coaching* qué es para ti la confianza, mucha gente responde: «Tener seguridad de que lo haré bien, lo conseguiré, etc.».

Lo confieso: yo antes pensaba igual. Por eso me repetía tan a menudo eso de que era una persona insegura y necesitaba ganar seguridad. En realidad estaba buscando algo imposible de conseguir. Ahora lo sé: lo que en el fondo necesitaba encontrar era la confianza.

Tú eliges desde dónde quieres vivir tu vida: confiando o controlando, con fe o con temor, de manera positiva y proactiva, o negativa y reactiva.

Está claro que no hay blancos y negros; todo es una escala de grises. Es normal que busquemos la seguridad: es la supervivencia, nuestro cerebro reptiliano quiere protegernos.

Pero no vivas solo desde ahí; permítete sorprender por la vida, fluye, déjate llevar también por lo desconocido, suelta de vez en cuando ese control y permite descubrir lo que la vida te tiene preparado.

Así que mi propuesta para ti es la siguiente: mañana, u hoy mismo (si estás leyendo esto por la mañana), déjate sorprender por la vida. Sal de casa o haz las tareas habituales preguntándote si las haces buscando seguridad o confiando...

Te sorprenderás de cuántas acciones realizas gracias a la confianza. Cuando pides un café en un bar, el camarero confía en que le vas a pagar y no saldrás huyendo. Cuando cruzas la calle, confías en que los coches parados respetarán la luz roja y no te atropellen. Cuando estás conduciendo, confías en que los otros conductores no se chocarán contigo.

¿Es totalmente seguro que nada de esto no va a suceder? En absoluto. Pero confías en que las cosas salgan bien.

Y ahora, que estás en un momento de incertidumbre en la vida, puedes elegir también: buscar la seguridad o confiar en la vida. Decide desde dónde vas a vivir a partir de ahora tu cambio de vida, tu proceso de crecimiento actual. En este libro te enseñaré que las decisiones siempre están en tus manos.

En el próximo capítulo te contaré algo personal que tiene que ver con cómo nuestros pensamientos crean nuestra realidad. Y puede que te des cuenta de que en tu caso sucede algo parecido.

10. Los beneficios ocultos de sentirse inferior

Durante gran parte de mi vida yo me creía una persona insegura. Muy insegura. Me lo repetía tanto que me lo llegué a creer.

Cuando tocaba hacer una presentación en público, hacer algo distinto a lo habitual, hablar con mi jefa para pedirle un aumento de sueldo... me topaba con un muro: la creencia de que era una persona insegura y no lo iba a conseguir.

Detrás de mis creencias de ser alguien inseguro había muchas más creencias: las personas inseguras son inferiores, son incapaces, son víctimas, son débiles... No es que me lo fuera diciendo tal cual, pero si me preguntas en qué se basaba mi creencia de inseguridad, te respondería todo esto.

Así nos ocurre con todo. Esas creencias conscientes nos las repetimos diariamente y literalmente crean nuestra realidad. Y luego están las inconscientes, que sostienen esas creencias conscientes y que afectan en un nivel mucho más profundo toda nuestra vida (de ellas te hablaré más adelante).

Si yo me creo una persona insegura, me lo repito, estoy creando la realidad de ser una persona insegura. No paso a la acción, busco excusas, me enfoco en el no puedo, huyo, me escondo, me auto-engaño diciendo que tampoco es necesario para mí.

Hay una anécdota que a menudo cuento en mis conferencias y charlas. Se llama «Cuando me escapé de una entrevista de trabajo».

Tenía 25 años y llevaba 2 años trabajando en puestos muy por debajo de mis capacidades y mis estudios superiores, realizando trabajos administrativos y de teleoperadora, que no requerían de ninguna responsabilidad. Por supuesto, mal pagados y donde me sentía totalmente desaprovechada.

Como por dentro no me sentía a gusto con lo que hacía, de vez en cuando miraba ofertas de trabajo de «lo mío», es decir, trabajos en publicidad y marketing.

Y así, un buen día, surgió la gran oportunidad. Se trataba de una agencia de publicidad en una zona bonita de la capital y tenía que ver con lo que había estudiado.

Estaba tan ilusionada que hasta pedí un día libre en el trabajo (lo cual suponía renunciar a unos 50 euros, que es lo que ganaba aproximadamente por día de trabajo).

Fui a la oficina aquel día de primavera, feliz y con ganas de dar lo mejor de mí misma, pues creía sinceramente que me merecía un trabajo mejor.

Pero la cosa no salió como esperaba. En vez de la típica entrevista de tú a tú, me encontré en un aula con varios candidatos al puesto. Se trataba de exponer en público, ante el entrevistador y los demás compañeros, por qué deberían escogerme a mí para ese puesto.

En cuanto me di cuenta empecé a sentirme muy nerviosa. Menos mal que los primeros en salir fueron otros y yo podía esperar hasta el final.

Los candidatos parecían personas muy seguras de sí mismas, hablaban sin miedo delante de los demás, contaban cosas súper interesantes de sus vidas. Algunos habían empezado algunos emprendimientos por su cuenta, otros viajaron por América del Sur en moto... Tenían cosas interesantes de las que hablar y que ofrecer, y yo a su lado me sentía muy poca cosa.

No había viajado aún por ningún lado, no había emprendido nada, mis trabajos anteriores eran de administrativa o teleoperadora, mi vida me parecía aburrida y rutinaria. Además, hablar en público mostrándome débil e insegura era lo peor que me podía pasar...

La salvación llegó a mí en forma de descanso. Como éramos bastantes candidatos, se hizo una pausa y yo hablaría en el segundo turno. ¡Era mi oportunidad!

Sin decirle nada a nadie salí del edificio, me acerqué a mi coche, me metí dentro y me marché a casa, llena de apatía y hasta vergüenza, pues me sentía más cobarde que nunca.

Lo peor fue cuando un antiguo compañero de universidad, al que apenas conocía y que estuvo en esa misma entrevista, me contactó por Messenger, mientras yo estaba en mi trabajo de aquella época. Acepté su solicitud porque no lo relacioné con esa entrevista.

Y lo que el chico me preguntó me hizo sentir aún peor: «Oye, María —me dijo—. Te escribo porque éramos compañeros en la universidad y también estuve en la entrevista en la agencia del otro día. Todos nos preguntábamos por qué desapareciste y qué te pasó. ¿Te dio miedo hablar en público?».

Le solté una excusa que tenía preparada de antemano, obviamente mentira, pues decir la verdad y reconocer que estaba en lo cierto me dolía muchísimo.

Situaciones así no eran una excepción en mi vida. Pero cuantas más situaciones de este tipo vivía, más se afianzaba mi creencia de que era una persona insegura, con todo lo que esto conlleva: insegura, o sea, cobarde, débil, víctima, incapaz.

Y mis acciones que derivaban de este pensamiento no hacían más que confirmarme todo aquello. «María, eres débil, incapaz, nunca vas a lograr nada importante en tu vida, eres menos que los demás».

Sé que contado así junto suena muy feo. Lo leo y me digo: «Madre mía, María, qué poco te querías, qué poco confiabas en ti».

¿Recuerdas las diferencias entre confianza y seguridad? No son lo mismo. Confiar en uno mismo no significa ser la persona más segura del mundo. Pero yo pensaba que se es seguro o se es inseguro, no hay término medio.

Mi falta de confianza me llevaba a tener parejas tóxicas, personas que me despreciaban o engañaban. Como aquel chico que se hacía pasar por italiano al que conocí en una discoteca de salsa en Madrid, que aparecía y desaparecía de mi vida, y hasta llegó a pedirme dinero por teléfono después de no dar señales de vida durante meses.

A ese mismo chico fui a visitarlo después de todo aquello a Milán, que es donde vivía, y tras verme una tarde desapareció al día siguiente, dejándome completamente sola en una ciudad desconocida a la que fui precisamente a verlo a él.

Recuerdo mi vida de antes y me doy cuenta del daño que me estaba haciendo, mientras aparentaba frente a los demás ser una chica feliz y despreocupada. Mientras, me regodeaba en mis miserias, como aquella tarde en Milán, completamente sola, sin saber a dónde ir.

Tenía solo 26 años y ya sentía que estaba desperdiciando mi vida, y estaba de alguna forma disfrutando de mi inutilidad. Escribía una especie de novelas donde volcaba mi dolor a través de personajes como yo: personas que se sentían perdidas, desaprovechadas, que viajaban por el mundo sin saber cuál era su lugar, que tenían relaciones sin sentido y por las que sufrían inútilmente.

Supongo que todo esto tuvo al final un efecto positivo en mí: cansarme de todo aquello y despertar, decir basta, decidir vivir de otra manera, buscar y encontrar mi propio camino.

Y cuento todo esto porque, efectivamente, lo que mi sensación de inseguridad potenciaba era mi mentalidad de víctima. Y tenía un beneficio oculto: no cambiar. No pasar a la acción. Quedarme como estaba.

Sentirme víctima e insegura era una excusa perfecta para seguir teniendo la misma vida, para seguir durante más de 7 años en un trabajo cómodo pero mal pagado, sin ninguna aspiración ni mejora, fuera económica o de realización personal.

Porque te contaré un secreto: ser víctima es mucho más fácil que guerrera. Ser víctima y decir que así es tu vida, así son las cartas que te han tocado, es mucho más cómodo, mucho más «seguro». La seguridad la encuentras en lo conocido.

Esos son los dos tipos de problemas que todas las personas tenemos: problemas de seguridad y de calidad.

Los problemas de seguridad, como mantener una posición de víctima, fumar o seguir en relaciones que no te convienen, son problemas, claro, pero son problemas que conoces, que tu cerebro automático percibe como seguros. Te protegen de la incertidumbre y del miedo que hay ahí fuera, aunque también te quitan calidad de vida, te mantienen donde estás o incluso hacen que retrocedas.

A veces me pregunto: ¿qué pasaría si hoy, con 42 años, hubiera decidido seguir como estaba? Solo de pensarlo me entran escalofríos. Me veo en la misma oficina de antes, quizás en otro puesto o en otra empresa similar, siendo teleoperadora, cobrando unos 1.000 euros mensuales. Tal vez ya no conviviendo con mis padres, pero compartiendo un piso o malviviendo en un apartamento minúsculo.

Me veo sin hijos y con parejas tóxicas, o directamente ninguna. Me veo preguntándome qué quiero de mi vida. Me veo cada día más triste y apática.

Los problemas buenos, en cambio, que nos dan mucho miedo, son los problemas de calidad, como su nombre indica. Se trata de cambiar a lo nuevo, pasar a la acción, a pesar del miedo. Problemas como dejar una relación que no va a ninguna parte, emprender, reinventarte, cambiar de casa o de país. Son cambios sustanciales en tu vida pero que necesitas para poder crecer y ser más feliz.

A los 31 tomé la decisión de pedir una excedencia en mi trabajo de toda la vida y me fui a unas prácticas a Múnich (Alemania), donde iba cobrar menos de la mitad: unos 400 euros mensuales.

Además, era la primera vez en mi vida que iba a vivir en pareja. Me daba muchísimo miedo. Llevábamos poco más de un año de relación y además, durante el tiempo en que mi novio estaba viviendo en Alemania nuestra relación había tenido altibajos.

Mi hermana pequeña, preocupada por mí, me comentaba que tal vez estaba cometiendo un error.

«¿Y si no eres feliz, y si Carlos pasa de ti, y si con lo que ganas no puedes ni comprarte ropa?».

Sí, tenía mucho miedo, porque en el fondo esos mismos pensamientos pasaban por mi cabeza. Y, de hecho, los primeros meses de vida en Alemania fueron difíciles: mi baja autoestima, mis miedos a no ser adecuada o suficiente, mi creencia de no saber suficiente inglés y muy poco alemán, mi timidez y vergüenza... todo esto hacía que lo pasara mal en esa primera empresa de publicidad. Sí, por fin estaba trabajando de lo mío, pero sintiendo una gran incomodidad, pues creía que hacer prácticas con 31 años era muy tarde. Me costaba comunicarme con los compañeros y muchas veces me iba a comer sola, dando paseos en mi hora de descanso por la bella ciudad de Múnich sin disfrutar al principio de esa gran experiencia que la vida me estaba brindando.

Me daba miedo equivocarme hablando mal en inglés y creía que todos los demás hablaban un inglés impecable. Pensaba que la gente me tenía lástima y se reía de mí a mis espaldas, que me veían como una chica solitaria y extraña.

En realidad así era como me veía yo misma. Por eso creía que los demás me percibían así y seguramente en parte era cierto, pues los demás nos perciben tal como nos percibimos nosotros mismos.

Ahora miro atrás y me doy cuenta de que fue una de las épocas más bonitas de mi vida. Pues, a pesar de mis miedos y soledad decidí apostar por mí, crecer, aprender idiomas, conocer otra cultura. Al final hice buenos amigos en Alemania, casi ninguno alemán, pero de otros países, con los que hablaba en otros idiomas, compartía mis inquietudes, intereses... Vivir fuera fue mágico y mi transformación real empezó ahí, lejos de casa.

Dejar mi trabajo de toda la vida e irme a la aventura al extranjero fue lo más bonito que me sucedió y se lo recomiendo a cualquier persona. Es una experiencia nada fácil pero magnífica y te fortalece muchísimo.

Esa fue la gran decisión de calidad que tomé allá en el 2011 y que dio comienzo a mi gran transformación interior.

Ahora me gustaría proponerte que pensaras en algunas decisiones importantes y clave que tomaste en el pasado. Y sobre todo: ¿qué decisiones nuevas, qué problemas de calidad están esperando a ser atendidos, a ser tenidos en cuenta?

Escríbelo en tu cuaderno y prosigamos el viaje.

11. Huyendo hacia delante

No sé si te pasa, pero yo he huido del conflicto toda mi vida. Ya en el capítulo anterior te contaba cómo ha sido mi relación con situaciones difíciles: siempre acababa huyendo.

¿Y qué ocurre cuando estás a punto de tomar una importante decisión de cambio en tu vida? ¿Cuando decides enfrentarte a ese problema de calidad que está suplicando a gritos ser atendido? Que a menudo recibes incomprensión, falta de apoyo, rechazo o hasta burla.

¿Tú, reinventarte? ¿Tú, cambiar? ¿Tú, dejar esa relación sin futuro? ¿A tu edad, emprender? ¿Cambiar de trabajo? ¿Irte a otra ciudad, otro país?

Aquí te enfrentas a un conflicto real. ¿Y qué es el conflicto si no dos o más partes enfrentadas?

¿Y qué ocurre cuando este conflicto es interno, cuando la batalla se libra dentro de tu cabeza?

Aparecen las voces, de tu pasado, de tu presente. Algunas bonitas, otras no tanto. Muchas de ellas acusando, pintándote escenarios dramáticos. Te hacen creer que todo saldrá mal, que no lograrás lo que te propones, que no lo vas a alcanzar, que otros pueden... pero tú no. Hay algo en ti que va a fallar, que no funciona al fin y al cabo.

¿Te suena? A mí sí, y mucho.

Hace poco me sucedió algo así con una cliente de mis cursos. Meses después de comprarlo, cuando la garantía había expirado hacía tiempo, después de enviarme correos y yo atender sus peticiones, darle soporte... de pronto me decía que quería la devolución del importe que había abonado por mi curso, pues no era lo que esperaba de él.

Si te soy sincera, no me sentí rechazada o minusvalorada como profesional. Por suerte eso ya lo tengo más que superado. Por una persona insatisfecha, tengo cientos de clientes felices que me cuentan todos los días lo mucho que les están ayudando y transformando mis cursos.

Sin embargo ahí estaba mi dilema de siempre. Un cliente descontento puede generar conflicto, por lo que sentí miedo, miedo de que me dijera cosas desagradables en respuesta a mi negativa de devolverle el dinero.

Tras reflexionarlo y hablarlo con mi mentor, descubrí algo muy interesante. Por supuesto, yo podía ceder ante su reclamación y devolverle el dinero sin más, pero entonces no estaría enfrentando el conflicto, volvería a ceder, como he hecho durante toda mi vida ante presiones y amenazas.

Mi mentor me preguntó:

—María, ¿vas a ser consecuente con tus principios y valores, así como con cómo funciona tu negocio, diciéndole no a esa persona?

La respuesta era muy clara: por supuesto iba a serlo. Yo cumplí mi parte: había dado 10 días de garantía de devolución y esta había expirado hacía meses. Por tanto, me sentía coherente con el NO.

Sin embargo, si cedía y devolvía el dinero, lo único que estaría haciendo sería seguir siendo fiel a mi identidad de antes: la temerosa, la que huye del conflicto.

—¿Qué es lo peor que podría pasar? —me preguntó mi mentor.

—Bueno, que me demande y tengamos un juicio o hable mal de mí en redes sociales, por ejemplo.

—¿Pero tendrá razón haciendo eso? ¿O es que tú has hecho algo que debas temer?

—Bueno, en realidad, yo no he engañado a nadie... Si habla mal de mí, siempre podré defenderme contando exactamente lo que pasó y las condiciones de cómo funcionan mis cursos.

–¿Pedirías la devolución de algo cuyo tiempo de garantía ha expirado, incluso habiéndolo usado durante meses?

–La verdad es que no, no se me ocurriría.

–¿Entonces qué temes realmente?

–El conflicto –le respondí–, porque siento que no lo manejo emocionalmente.

Ese mismo día por la tarde sucedió algo más que fue una gran revelación en cuanto a mi tema con el conflicto.

En un grupo de Telegram de un curso terapéutico del que era alumna, otras compañeras estaban subiendo fotos de sus ancestros porque estábamos trabajando con el genograma, una especie de árbol genealógico.

Yo observaba sus fotos con mucho interés y pensaba que apenas tenía ninguna de mis antepasados, pues provengo de una familia que durante generaciones ha vivido en el exilio huyendo de un país al otro.

Recuerdo que escribí en el grupo: «Durante varias generaciones hemos estado huyendo, siendo refugiados políticos, por lo que apenas hemos podido conservar cosas como fotos».

Y, al instante de escribirlo, tuve la revelación. ¡Mis antepasados, incluidos mis padres y yo misma, nos hemos pasado la vida huyendo del conflicto literalmente, buscando un lugar mejor!

Si generación tras generación habíamos vivido el conflicto como un peligro de muerte, porque teníamos que abandonar físicamente nuestras posesiones, casas y países..., no me extrañó que incluso un conflicto pequeño lo percibiera como algo muy peligroso.

Mi miedo al conflicto no es el conflicto en sí, sino lo que en el nivel inconsciente entiendo por conflicto: «Puedo perder la vida». Si detrás de mi miedo al conflicto está el miedo más primario del ser humano, el miedo a la muerte, está claro que usaré cualquier estrategia para huir de él.

Así que, la devolución o no de aquel curso significaba para mi inconsciente vida (huida del conflicto) o muerte (enfrentarme al conflicto).

Estaba comprobando mi correo electrónico cada 5 minutos para ver si me había llegado la respuesta a aquella negativa de devolver el curso. Sentía el cuerpo inquieto, con temblor, imaginando las posibles respuestas que me podía dar aquella alumna insatisfecha y lo que yo podría alegar a cada una de esas posibles respuestas.

Estaba en modo supervivencia; mi cuerpo creía literalmente que estaba en peligro de muerte y que algo debía hacer: atacar o huir, pero no podía quedarme quieta, esperando o simplemente olvidándome del asunto.

Si te describo todo esto con tanto detalle es porque quiero que veas que nuestro cerebro inconsciente o automático no diferencia entre lo que es real y lo que no. Algunas memorias de nuestros antepasados se quedan grabadas en nuestro cuerpo, en nuestras células, en nuestra piel...

La pregunta que te quiero hacer aquí, si tú también temes el conflicto, aunque no sea con la misma intensidad que yo: ¿qué es lo que temes realmente? ¿Qué es lo peor que puede pasarte?

¿Y si no es el miedo al conflicto, sino al rechazo, al fracaso o cualquier otro miedo? Respóndete con total honestidad: ¿qué es lo peor que puede pasar?

Lo normal es llegar a esa conclusión totalmente errónea e infundada de que, si hago este cambio en mi vida, puedo llegar a morir.

¿Pero es verdad que vas a morir? ¿Irán a por ti para matarte?

Me dirás, «sé que no, pero es lo que siento». Y entonces, amigo, volveremos a caer en el rol de víctima, la que se siente impotente ante la vida, la que vuelve a refugiarse en su zona de confort y prefiere un problema seguro antes que un problema de calidad.

Enfrentarme a mi miedo al conflicto es un problema de calidad. Me da muchísimo miedo, pero solo enfrentándome a él, haciendo lo contrario a lo que mi piloto automático me dice, podré crecer. Y cuanto más lo haga, más confiado me sentiré.

Imagina un mundo donde nadie se enfrentara al conflicto. ¿Qué mundo sería ese? Un mundo totalmente esclavizado, donde unos dominarían tranquilamente a otros, reprimiendo sus derechos y libertades. Imagino que a nadie le gustaría vivir en un mundo así.

Y ahora viene lo más interesante. ¿Sabes cuál es uno de mis valores primordiales? La libertad.

¿Qué es lo contrario de la libertad? Yo entiendo que la represión, la sumisión, la falta de derechos.

Si en cada conflicto cedo siempre, ¿estoy siendo libre o sumiso? Si me presionan un poquito y cedo, ¿estoy ejerciendo mi derecho de libertad?

Y ahora te toca a ti. Escribe cuál es tu mayor miedo ante un cambio importante en tu vida, sea el que sea.

Y luego escribe al lado qué valor esencial de tu vida estarás ignorando si le das poder al miedo.

Para hacértelo más fácil te pondré algunos ejemplos, que puede que te resuenen o no, pero que te ayudarán a entender mejor a qué me refiero:

- Miedo al fracaso. Valor que ignoras si cedes ante este miedo: excelencia o éxito. O reconocimiento. O autoestima.
- Miedo al rechazo. Valores que podrías estar no respetando si das poder a este miedo: conexión con los demás. Unión con otros. Aceptación de ti mismo o de los demás.

En este primer apartado del libro solo quiero que observes tus miedos, las creencias que has mantenido hasta ahora, los valores propios que no estás respetando si no pasas a la acción y no decides vivir como quieres.

Aún falta mucho por trabajar, pero estoy casi segura de que con este trabajo previo que estás realizando te será mucho más fácil seguir con lo siguiente que te voy a proponer en este libro.

Y de nuevo: ¡enhorabuena por llegar hasta aquí, por cuestionarte y decidir vivir de otra manera! Te mereces realizar todo este camino de transformación, pues eres de las pocas personas en este mundo que se atreven a cuestionarse y cambiar de vida.

Nos vemos en la segunda parte.

PARTE II

DESBLOQUEANDO TUS CREENCIAS

1. La falsa creencia del «no merezco»

En este apartado voy a compartir contigo una serie de creencias arraigadas, muchas de ellas procedentes de nuestra infancia, y en las que se manifiestan nuestros mayores bloqueos en la vida actual. Te podrán resonar una, dos o todas ellas, como es mi caso. La cuestión es que las vayas observando en ti poco a poco para luego poderlas cambiar una a una.

Y es que las creencias son el filtro a través del cual percibimos la realidad. La realidad es, por así decirlo, neutra. Una misma situación puede ser vista por alguien como algo terrible (como el conflicto, como te contaba en el capítulo anterior) o como algo magnífico (hay personas que incluso son adictas a conflictos, pues les proporcionan variedad y cambio de energía en sus vidas).

Y así con todo. Nuestra infancia marca en gran medida cómo vivimos nuestra vida actual, a qué le prestamos atención, qué nos duele especialmente o qué consideramos positivo, así como nuestras adicciones, obsesiones, pensamientos y patrones recurrentes, y los estados emocionales más habituales para nosotros.

Y voy a empezar este apartado sobre falsas creencias de identidad con una de las creencias más profundas, dañinas y presentes en personas que vivimos en segundo plano, que no creemos en nosotras mismas, que pensamos que es difícil para alguien como nosotras alcanzar sueños y tener lo que realmente queremos.

Se trata del merecimiento o más bien de la falta del merecimiento. Y empezaré contándote una anécdota muy reciente.

Esta misma mañana fui a una clínica dental para que me realizaran un estudio para una ortodoncia, pues tengo los dientes inferiores apiñados y algo torcidos.

La doctora realizó un escáner exhaustivo de mi dentadura y me comentó que, aparte de esos dientes delanteros torcidos, mis muelas inferiores están giradas hacia dentro. No solo lo escuché, sino que lo vi con mis propios ojos en esa imagen del escáner, que era tan realista.

¿Y sabes qué sentí? Me dio mucha pena ver mis muelas en ese estado. Parecían las de alguien que ha capado su capacidad de morder, atacar o defenderse. Como si mi boca representara un repliegue ante un ataque, un acuerdo tácito de no morder, no poder o no deber tener ni un atisbo de agresividad.

Ojo, que esto no significa que nunca sea agresiva, pero es un estado que he reprimido tantos años de mi vida que hasta mi propia dentadura lo muestra.

No me cabe ninguna duda: nuestro cuerpo es fiel reflejo de lo que sentimos, lo que pensamos de manera recurrente, lo que opinamos de nosotros y del mundo, lo que nos permitimos y lo que no, lo que callamos, lo que tememos, lo que creemos que merecemos o no merecemos.

Salí bastante impactada de aquella consulta médica y mi cabeza no dejaba de darle vueltas a una pregunta: ¿qué no me estoy permitiendo morder, metafóricamente hablando?

Y esta pregunta me llevó al tema del merecimiento y el permiso. ¿Qué cosas siento que merezco y qué siento que no merezco? ¿Qué me estoy permitiendo y qué no?

En la actualidad soy madre de dos niñas de 4 años, ambas muy queridas, muy deseadas, que tardaron mucho en llegar. Ambas muy inquietas, activas, incluso indomables, también con gran apego a mí como madre... Y ahí está el tema.

Son niñas de espíritu libre en el buen sentido, aunque esto se traduzca también en mayor demanda por su parte. Y me alegro muchísimo de que sean así.

Pero eso hace que sienta que desde que soy madre apenas tengo tiempo para mí misma. Llevar un negocio propio junto con mi marido, dar clases, talleres, formaciones, atender clientes de *coaching* y mentoría, mantener el proyecto a flote y además querer darles lo mejor a mis hijas, es decir, tiempo y dedicación, hace que apenas encuentre momentos para mí misma.

¿Qué cosas no me estoy permitiendo? Pues, la verdad, muchas. Descansar es una de ellas. Pasear sola. Bailar. Cuidarme físicamente. No hacer nada (escribo esto y sonrío, mi parte exigente me mira atónita: «¿no hacer nada, María?»).

Te animo a que simplemente te hagas esta pregunta, al igual que me la hice yo misma. ¿Qué cosas no me estoy permitiendo en estos momentos de la vida? ¿Qué estoy aplazando para mañana por falta de tiempo o cualquier otra excusa?

Y a continuación prueba a usar estas frases en positivo poniendo delante «merezco...».

Por ejemplo, en mi caso, las frases podrían ser estas:

- «Merezco dedicarme tiempo y cuidar mi salud».
- «Merezco estar guapa y arreglarme».
- «Merezco comprar cosas buenas para mí» (si puedes especifica cuáles).
- «Merezco tener ropa bonita».
- «Merezco cuidar mi dentadura y llevar alineadores».
- «Merezco descansar y no hacer nada».

Escribe las frases, pronúncialas con emoción y creyéndote cada palabra y déjalas escritas en algún lugar visible.

Ahora bien, ¿de dónde parte esa creencia tan negativa de no merecer ciertas cosas?

La clave está en la biología. Sí, biología y evolución.

En el reino animal existe una jerarquía. En el mundo de los humanos aparentemente también.

Pero si nos remontamos a los animales, ¿qué pasaría si todos los miembros de una especie fueran machos o hembras alfa? ¿Por qué no todos son alfa?

Se han hecho estudios donde se ha tratado de observar esto mismo con ratones.

Los alfa siempre mandan a los menos fuertes y los obligan a conseguirles comida. ¿Pero qué ocurre cuando se eliminan del juego los que no son alfa? Que los alfa empiezan a competir entre sí y al final llegan a eliminarse los unos a los otros.

No es que en nuestra vida sea exactamente así, pero todos formamos parte de un clan familiar o hemos ido al colegio o al instituto, donde había unos pocos alfa, unos cuantos beta y muchos omega, por llamarlos de alguna forma.

Si en tu familia había alguien que se consideraba más importante que tú, al final es posible que adoptases la postura de no merecimiento, pues el «alfa» es quien merecía el mejor trozo, la mejor ropa, la fruta más jugosa, el juguete más codiciado.

Dicen que en relación a las heridas de la infancia todos podemos encontrar nuestro propio cuento clásico. El mío sería el de Cenicienta sin duda alguna. De hecho, así es como me llamaba cariñosamente mi abuela Nonna, que fue como una madre para mí cuando me fui a vivir con mis padres a los 11 años.

Al ser la hermana mayor, y tener además una hermana pequeña de menos de un año, me tocaba cuidarla, realizar las tareas domésticas, ir a comprar... Con los años llegué a interiorizar que era inferior y que los mejores trozos no eran para mí, pues mi misión era estar al servicio de otras personas.

Y cuando llegaron mis hijas, ¿qué ocurrió? Que esa creencia que ya tenía superada en lo personal y lo profesional volvió a activarse.

También es una creencia inconsciente si vamos al pasado, a la más tierna infancia. Por ejemplo, si nuestro nacimiento no fue deseado, porque nacimos en un mal momento para nuestros padres en lo emocional, en lo económico o porque sucedió algo en los primeros años de vida, como una separación, un divorcio, problema o conflicto familiar... podemos creer de forma inconsciente que somos culpables de aquella difícil situación por haber irrumpido en la vida de nuestros padres en el peor momento.

Vivir con esa sensación de culpa inconsciente, sintiendo que somos malos por algo pero sin saber exactamente qué... hace que no deseemos tener las cosas buenas de la vida.

Puede que te suene todo o esto o solo una pequeña parte de ello. La cuestión es que muchas personas cortamos los grifos de la abundancia de la vida por creernos poco merecedoras.

Y la gran pregunta aquí es esta: ¿cómo vuelvo a abrir esos grifos, cómo vuelvo a decirme a mí misma que sí merezco lo bueno, que merezco ser feliz, realizarme, tener todo aquello que me proponga?

Además de darte cuenta de ello, que es lo que estamos haciendo aquí, lo más importante es introducir cambios, sea en el ámbito emocional o de acción.

En el ámbito emocional te sugiero que escribas y dejes en un lugar visible frases cortas, sencillas y que sientas como reales que empiecen por la palabra «Merezco...».

Que las repitas cada día con emoción e intensidad.

Que imagines que ya estás disfrutando de todo esto. Que sientas que es real, al menos en parte.

En el lado práctico, empieza a hacer realidad estos merecimientos. Si te dices que mereces ropa bonita, cómprate ropa bonita. O al menos una prenda bonita. Cuando tu mente automática, al ir a pagar la prenda o salir de la tienda, te diga que cómo has sido capaz de gastar ese dinero en algo que no es de vida o muerte, le responderás con tu afirmación preferida: «Merezco gastar dinero en mí».

Repítela tantas veces como sean necesarias hasta que la voz se apague. Y vuelve a lo mismo la próxima vez que se active.

No hay trucos. Es cuestión de constancia y aplicación. Lo mismo que esa otra voz del no merecimiento se ha tenido que hacer fuerte a lo largo de tantos años, ahora, de manera consciente, irás creando una nueva versión de ti, generando nuevos circuitos neuronales y desactivando los que tanto daño te han hecho toda tu vida.

2. La lealtad a tu clan familiar

Esta es una de mis creencias «preferidas». Bueno, en realidad, de muchas personas. Tiene que ver con una especie de contrato emocional que hemos firmado de modo inconsciente con nuestra familia (padres, hermanos, abuelos, hijos... incluso pareja).

La lealtad al clan, a los seres queridos, es en realidad una manera de mostrarles respeto y amor. Pero a menudo se convierte en una trampa.

En mi familia todos eran músicos menos yo. Dejé la música con 10 años, justo cuando nos tocó huir de nuestro país... y como no teníamos piano, aproveché la ocasión y preferí no volver a ello.

Mi hermana en cambio era una gran violinista y no podía vivir sin su violín. Mis padres eran ambos músicos profesionales. Y cuando nació mi hermana pequeña, al cabo de años también empezó con el violín, aunque más adelante, al igual que yo, lo acabaría dejando.

Pero la primera en romper con ese mandato de ser músico fui yo. Y eso creó no pocas tensiones con mi padre durante mi adolescencia. Sentía que por no haber seguido los pasos de mi familia era la rara, la oveja negra, la incomprendida...

Una de las creencias que adquirí en esa época fue que si no era músico no tendría ningún futuro profesional y mi destino sería limpiar escaleras. Sé que suena muy radical, pero es lo que a nivel profundo imaginaba (y lo que en más de una ocasión mi padre me dijo, seguramente para hacerme «recapacitar»).

Por esta razón quizás me esforcé tanto en sacar buenas notas... para demostrarles a mis padres que, pese a no ser músico, también podía ser alguien digno.

Sin embargo, como seguramente habrás oído o hasta quizás experimentado, las buenas notas en el colegio o en el instituto no son sinónimo de éxito profesional.

En aquella época por supuesto no lo sabía, pero a nivel inconsciente yo tenía asumido que no tendría éxito en mi profesión porque rompí con un contrato familiar invisible, y esto es lo que se llama la «profecía autocumplida».

De manera inconsciente busqué no tener éxito profesional porque no era correcto tenerlo al haber roto aquel contrato familiar. Y no solo eso: llegué a creer que el éxito le correspondía más a mi hermana la violinista.

Y así, me centré en el «amor» (me refiero al concepto edulcorado de amor de pareja). Cosa que tampoco se me daba bien, por cierto, pues mis parejas, que tardaron en llegar a mi vida, solo me demostraban desprecio, infravaloración, y acababan alejándose de mi vida (o alguna vez me alejaba yo, presintiendo que me dejarían).

Pero volviendo al tema de lazos familiares o del contrato emocional, en mi ejemplo puedes ver a una rebelde en apariencia, la que no sigue los pasos de su clan. Sin embargo, estaba llena de miedos, me sentía infravalorada, que no valía, que no llegaría a nada. No sabía a qué dedicarme ni qué hacer con mi vida.

Sí, con 18 años ya era consciente de que me encantaba la escritura pero me daba mucha vergüenza el simple hecho de hablar de ello. Sentía o creía que mis padres no lo aprobarían o se burlarían de mí. ¿Yo, escritora? ¿A dónde va esta niña?

El caso es que llegado el momento de escoger mi profesión me decidí por algo «seguro» desde el punto de vista económico, una profesión que no tuviera altas tasas de desempleo. Había carreras que llamaban mucho mi atención como literatura, filosofía, filología o psicología... Pero llegué a creer que eran profesiones sin muchas salidas profesionales y me decanté por algo que sorprendió hasta a mis propios padres: publicidad y relaciones públicas.

Una chica tímida, introvertida, a la que le cuesta hablar en público o conversar con desconocidos... eligiendo un grado que tiene que ver con la venta, con el público y las relaciones con los demás. ¡Seguramente, en el plano inconsciente, lo elegí porque así «me aseguraba» de que no tendría ningún éxito profesional, en lealtad a mi familia!

Pero puede suceder al revés; quizá sea tu caso. Eliges una profesión que crees que tus padres aprobarían, o directamente sigues sus pasos... y al cabo de años te das cuenta de que no te hace feliz.

O tal vez crees que para ser leal a tu madre no debes tener pareja, para poder cuidarla en su vejez, y así saboteas tus relaciones personales, dedicándote en cuerpo y alma al trabajo.

Las maneras de ser fiel a tu clan familiar pueden ser muy diversas. Quizás en tu familia todos sean humildes y, si tienes éxito financiero, estarías rompiendo con los valores esenciales de tu clan, siendo infiel a sus principios.

Puede que no tengas hijos o no quieras tenerlos porque la parcela de hijos le corresponde a tu hermano y a ti te toca la parcela del trabajo.

Puede haber múltiples y diferentes combinaciones... Pero lo que subyace en todas ellas es que, por miedo a incumplir con los mandatos o la tradición de la familia (o por la culpa inconsciente de haber roto con esos mandatos, como fue mi caso), decides dejar de lado tus verdaderos sueños y aspiraciones, pues crees que eso no te corresponde o podría incomodarle a alguien de tu familia.

Imagina que tu madre fue infeliz en sus relaciones amorosas y fue abandonada por tu padre y otras parejas. El que ahora tú tengas una pareja con la que sentirte feliz podría «molestarle» (aunque tú no lo pienses ni ella nunca te diga nada de esto). Incluso puede pasar que esto no sea verdad en absoluto y tu madre se alegre de que seas feliz en tu relación, pero hay una creencia inconsciente de que estás haciendo daño a alguien de tu clan o no estás siendo fiel a sus mandatos.

Como la familia son nuestros lazos primarios más importantes, de los que derivan gran parte de nuestras creencias inconscientes, miedos, incluso nuestro carácter y manera de entender la vida... es en relación a nuestra familia donde se encuentran la mayoría de las actitudes limitantes que tenemos en nuestra vida adulta, muchas de ellas, como decía antes, inconscientes e irracionales y que poco tienen que ver con la realidad.

Mis padres por ejemplo están muy contentos ahora de que me vaya bien en lo profesional, aunque no me dedique a la música, algo que ya tienen más que asumido.

En este punto te voy a pedir que repases tu relación con tus padres y hermanos. ¿Qué tipo de éxito tienen en sus vidas? ¿En qué ámbito? ¿Cuál es el área menos explotada en tu familia? Puedes observar temas tan básicos como el amor de pareja, hijos, dinero, trabajo, reconocimiento social, incluso el hecho de tener una casa bonita o viajar por el mundo.

Haz este análisis para cada uno de los miembros de tu clan familiar; incluso puedes hacerlo también con tus abuelos, sobre todo si has convivido con ellos o recuerdas especialmente a alguno de ellos.

Luego analízate en esos mismos ámbitos a ti mismo. ¿Hay coincidencias, hay disparidades? ¿Qué áreas de tu vida están peor? ¿Por qué crees que ocurre? ¿Podría tener que ver con alguna lealtad inconsciente como las que he descrito más arriba?

Si encuentras algunos aspectos de lealtad, te recomiendo escribir una carta a tu clan, o a la persona en concreto a la que crees que le tienes una especial fidelidad, y de manera simbólica rompas ese contrato.

Puedes escribirlo con tus propias palabras o hacerlo de la siguiente manera, inspirándote en mí:

Querida familia, mamá, papá y hermanas:

En primer lugar os quiero agradecer que seáis parte de mi vida. Sois de las personas más importantes que tengo y siempre os honraré.

Después de muchos años me he dado cuenta de que seguía ciertos mandatos inconscientes de nuestro clan en cuanto a mí misma, y ha llegado el momento de romper con esos mandatos, pues no son buenos para mí ni me pertenecen.

Con ello no estoy alejándome de vuestro amor ni dejo de amaros, pero sí decido y elijo vivir mi propia vida, escojo mi propio camino, el que va a traer éxito, abundancia y amor a mi vida.

Lo primero, quiero deciros que merezco tener éxito en mi profesión. Aunque no sea músico y me haya alejado del camino previsto para mí, ahora me dedico al coaching, una preciosa profesión que me hace sentir plena y realizada. Me siento feliz y a gusto trabajando como coach y ayudando a despertar a otras personas. Me merezco tener éxito y disfrutarlo.

En segundo lugar, también merezco tener éxito material y abundancia económica. Me permito ganar mucho dinero y disfrutar de los bienes materiales. Gano mi dinero de forma honesta y mi calidad de vida es muy superior a la que tuve en mi infancia y juventud. Creo que es algo que me pertenece por derecho propio y merezco disfrutarlo y expandirme en este ámbito, sin sentir incomodidad o culpa.

Asimismo, merezco y tengo derecho a tener una casa bonita en propiedad. Sé que es un tema que se nos ha resistido durante generaciones, pues fuimos expulsados, desheredados o ha habido peleas por las casas y propiedades inmuebles... Pero yo puedo y quiero tener una casa propia, bonita, agradable, donde reinen la paz y la alegría.

Con esta carta decido romper el contrato emocional invisible que firmé sin ser consciente de ello hace muchos años. Con esta carta declaro mi libertad e independencia de los mandatos familiares o de lealtades limitantes.

Mi lealtad hacia mi clan familiar será honraros y amaros, aceptando nuestras diferencias y eligiendo cada uno libremente su propio camino. No soy responsable de vuestro camino ni de vuestra vida. Si me pedís ayuda, y tengo tiempo y disponibilidad, me ofreceré a ayudaros, pero siempre anteponiendo mi propio bienestar y el de mi actual familia: mi marido y mis hijas.

Para despedirme, os quiero agradecer de corazón todo lo bueno que me habéis dado, así como los aprendizajes que me llevo de todos vosotros. Os elegí como familia y os doy las gracias por haberme elegido a mí también como hija y hermana. Os querré siempre, pase lo que pase, pues soy parte del clan; eso sí, respetando siempre la libertad de elección de cada uno de nosotros.

Un abrazo, os quiero, ¡gracias!
Vuestra hija y hermana, María.

Después puedes romper esta carta o guardarla en algún lugar recóndito, lo que te apetezca. La idea es hacer este escrito con la intención de romper con ese lazo o contrato invisible que firmaste sin darte cuenta hace tantísimos años. Mostrarle a tu familia que hay otras maneras de honrarlos y que eres libre de decidir vivir como quieras en este momento.

3. La creencia inconsciente de que «el éxito es una carga»

Esta creencia arraigada es una de las más profundas en mí. Y es posible que también te resuene a ti. Y es que a menudo nuestro nacimiento es visto como una carga para nuestros padres. De forma similar a la primera creencia de no merecimiento, en este caso estamos hablando de que nuestra vida en sí es vista como algo pesado y difícil con lo que lidiar. Y, sin embargo, la vida como tal debería considerarse de por sí un verdadero éxito (¡imagina cuántos espermatozoides lucharon por llegar a ese óvulo para que tú fueras concebido!). ¿Qué ocurre si de forma inconsciente asocias tu nacimiento con que es una carga?

Personas con una creencia tan arraigada a menudo no pasan a la acción o sabotean sus posibilidades de triunfar precisamente porque tienen una creencia inconsciente de que el éxito es una carga. Y hasta piensan que cuando el éxito llegue a su vida no sabrán qué hacer con él.

Incluso podemos asociar consecuencias negativas a algo en principio tan positivo como el éxito. Por ejemplo, mi exposición profesional en público puede hacer que tenga cada vez más enemigos o simplemente que más personas puedan envidiar lo bien que me va. O puedo creer que tener éxito conlleva una gran responsabilidad que no sabré sobrellevar y defraudaré las expectativas de otros puestas en mí (lectores, clientes, colaboradores...).

Para no enfrentarme a todo ello tal vez decida llevar una vida silenciosa, invisible, tranquila o confortable antes que una vida pública, intensa o llamativa.

Si soy feliz con mi vida tranquila, todo está bien. El problema empieza cuando me pregunto si realmente quiero llevar esa vida o quisiera hacer otra cosa. Cuando contemplo vidas de éxito de otros y muy en el fondo las deseo para mí.

El problema siempre está en el conflicto.

Así que te invito a que te preguntes lo siguiente: ¿cómo te llevas con la palabra éxito? ¿Qué asociaciones surgen cuando piensas en personas exitosas?

Como ya te conté en anteriores capítulos, durante muchos años de mi vida me auto-engañaba diciéndome que no necesitaba tener éxito en mi vida profesional. Que prefería un trabajo rutinario que no me diera problemas, cerca de casa, incluso si cobraba poco y no me sentía realizada.

Pero en el fondo me estaba auto-engañando para no sufrir. No te diré que todos necesitamos tener éxito profesional en la vida, porque cada persona es diferente. Hay personas que buscarán otro tipo de éxito: en su vida de pareja, en su crianza o la educación de los hijos, en sus *hobbies* o en sus viajes, en su vida espiritual, etc.

Pero también hay personas para las cuales la vida externa o pública tiene un significado mayor. Yo no era consciente de que era una de esas personas.

El otro día, sin ir más lejos, entablé una conversación en el parque con el padre de una compañera de la clase de mis hijas, y cuando me preguntó a qué me dedicaba, me descubrí sintiéndome súper orgullosa de mí, sin esperarlo realmente.

—Soy *coach* –le dije–; me dedico al crecimiento personal.

Como él estaba interesado en este ámbito, le conté más detalles de lo que hacía y, conforme le iba relatando mi trabajo, me iba sintiendo bien, me iba sintiendo grande.

Es decir: por fin estaba sintiéndome exitosa.

Ahora puedo decirte que la palabra éxito para mí tiene connotaciones mucho más positivas. Lo asocio con realización, coherencia, equilibrio, abundancia, consciencia. Nada que ver con avaricia, competitividad, carga o excesiva responsabilidad.

Ahora te toca a ti. Después de conectar y escribir qué es para ti el éxito, con qué tipo de cosas positivas y negativas o neutras lo asocias, te toca preguntarte si puedes cambiar ese significado por otro mejor.

¿Existen personas que consideres exitosas a las que admiras? ¿Por qué las admiras? ¿Qué te gusta de ellas? ¿Qué tienen que aún no tienes tú o cómo piensan?

Anota todo esto y pregúntate a continuación qué acciones, por pequeñas que sean, pueden llevarte a sentirte un poquito más conectado con el concepto de éxito.

Quizás sea empezar a escribir tu primer libro (o acabar el que tenías empezado), tal vez sea formarte en algo que te encanta, simplemente por placer... Hablar con esa persona que tanto miedo te da. Escribirle a un ser querido con el que hace años que no te hablas.

Recuerda que en la acción está el cambio, no solo en pensar o escribir, sino en demostrarle a tu cerebro que efectivamente estás siendo coherente con esta nueva visión de ti mismo.

Y si te llevas bien con la palabra éxito, ¡enhorabuena! Vamos a seguir indagando en el siguiente capítulo sobre esas creencias raíz que nos limitan tanto. Tal vez encuentres la tuya a continuación.

4. La creencia de «si brillo, eclipso a los demás»

Uno de los artículos más leídos de mi blog se llama «La envidia y la ley del espejo». Y al escribir sobre esta cuarta creencia raíz me viene a la mente el concepto de envidia pero a la inversa.

Esta cuarta creencia además tiene continuidad con la anterior, la de que el éxito puede ser visto como una carga.

Y es que muchas personas asocian el éxito con despertar envidias, o simplemente hacer sentir incómodos a los demás.

La base de esta creencia tiene que ver con el concepto de competitividad, ellos o yo, en lugar de vernos como seres que cooperan entre sí, donde la luz de uno ilumina al resto y no los deja sin luz.

Si eres una bombilla y tienes bombillas apagadas a tu alrededor, ¿acaso no les llegará tu luz al encenderte tú? ¿Pero qué ocurre si a nadie se le ocurre encender su luz propia? Que nadie recibirá luz.

La idea de que si me va bien o tengo éxito, esto puede molestar a los demás, o peor aún, les quitará algo a los demás, no es más que una teoría de escasez y pobreza.

El éxito puede ser vivido por supuesto de muchas formas: quitando algo a los demás o aportando mucho a otros.

De nuevo: de nosotros depende qué significado le demos. Piensa en alguien que para ti es exitoso, está realizado, alguien que brilla y es conocido. Si lo conoces es seguramente porque aporta valor al mundo, a la sociedad. Gracias a su brillo (que no tiene que ser vanidoso), otras personas habrán crecido. Gracias a sus libros, conferencias, vídeos o películas... otras personas habrán tenido la oportunidad de crecer, aprender o divertirse.

Si estás leyendo este libro es que mi luz también te está llegando, ¿cierto? Si yo no me atreviera a mostrarme al mundo con total vulnerabilidad y aportando todos mis aprendizajes tal vez otras personas no llegarían a darse cuenta de que ellas también pueden lograrlo.

Pero vayamos al origen de esta creencia. Si la tenemos no es casualidad.

Está claro que vivimos en una sociedad donde se nos ha enseñado desde pequeños que destacar no es del todo bueno. Sea por creencias religiosas o no.

Yo misma nací en un país donde la religión estaba prácticamente prohibida, y sin embargo me doy cuenta de que los conceptos básicos se mantienen.

En mi infancia se ensalzaban aspectos como la humildad, el esfuerzo, el trabajo duro. Como vivíamos en un país comunista sin oportunidad de crecimiento, y menos a nivel empresarial, las empresas apenas existían; todo era público y había gran escasez en muchos aspectos... Todo lo que tuviera que ver con tener más que el resto, destacar, prosperar, ir más allá de lo establecido, se tachaba de capitalista, de avaricia, de injusticia.

Si te fijas, estamos hablando de valores, cuestiones profundas del ser humano donde uno decide qué es aceptable para sí mismo (y también para la sociedad en la que vive) y qué no.

Crecí sintiendo que debía ser humilde, que destacar era negativo, que si lo hacía la gente me miraría mal. Y hasta recuerdo pequeñas envidias sufridas en mi preadolescencia donde algunas compañeras del colegio me criticaban porque «me creía demasiado guapa».

Te puedo asegurar que yo era la primera sorprendida de que ellas tuvieran esta visión de mí, pues nunca me consideré especialmente guapa ni nada por el estilo. Más bien me consideraba del montón, por lo que no entendía por qué me decían aquello.

Ahora sé que aquello nada tenía que ver conmigo sino con ellas mismas, sus historias, sus propios conflictos inconscientes... Pero cuando tienes 10 años todo te afecta, y mucho.

Así que iremos de nuevo a indagar en tu pasado y en tus creencias.

¿Qué significa para ti destacar? ¿Qué puedes perder si destacas o te va bien en algún ámbito?

Si tu primera respuesta es que nada malo te va a pasar, aunque no conozco nada de tu vida, déjame sugerirte no responder tan rápidamente.

Puedes incluso cerrar los ojos e imaginar que tienes éxito en algún área de tu vida. ¿Qué área es? ¿Qué estás haciendo? ¿Cómo te ves a ti mismo? ¿Qué ha cambiado con respecto a como eres ahora?

Cuando tengas esa visión y conectes con esa sensación, empieza a preguntarte por dentro: ¿qué cosas negativas podrían pasarme? ¿O qué cosas positivas podrían traer alguna dificultad a mi vida? Por ejemplo, en relación a mi pareja, mis padres, mis hijos, mis amigos, etc.

Una de las cosas que más me preocupaba en este aspecto tenía que ver con que la gente pudiera percibirme como alguien vanidoso, engreído, alguien que se siente por encima del resto. Algo totalmente incierto para mí, pues no me siento en absoluto vanidosa.

Hace un par de años fui invitada a un evento de uno de mis antiguos mentores. Me pidieron salir a la escena delante de unas 200 personas y hablar sobre mi éxito profesional. Puedo asegurarte que me sentía muy incómoda, sobre todo al principio.

Cuando terminó aquello y en casa pude analizar con tranquilidad lo que me estaba pasando, me di cuenta de que mi gran miedo se había desatado de nuevo.

Mi mente me decía: aquellas personas a las que no les va tan bien como a ti en lo económico seguramente pensarían que eres avariciosa, que eres mala persona, que solo te importa el dinero, etc.

Está claro que nadie en la sala me dijo eso y, si alguien lo pensaba, yo no lo podía saber. Pero mi mente se enfocó en esto y la emoción que recibí fue más de vergüenza que de sentirme orgullosa de mí misma.

La cuestión es: ¿por qué mi mente eligió pensar esto?

La respuesta está bastante clara: porque esto es lo que yo pienso. Así es como me refiero de manera inconsciente a personas que tienen mucho dinero o les va muy bien en lo económico.

De ahí que lo siguiente que hice fue trabajar y cambiar esas creencias y reenfoqué el cómo estaba viendo a personas exitosas. Y la solución me llegó como por arte de magia. Asocié valores profundos e importantes para mí a ese cambio de creencias.

En lugar de asociar la idea del éxito y destacar mis contravalores (envidia, avaricia, egocentrismo), lo enfoqué en realización, libertad, plenitud, abundancia y, sobre todo, contribución. Pues si con mi propósito no estuviera realizando una contribución, no tendría sentido lo que hacía.

De hecho, toda la abundancia económica y emocional llegó a mi vida cuando decidí compartir lo que realmente amo con otras personas. La abundancia me llegó precisamente cuando dejé de perseguir con el trabajo un fin puramente económico, como hacemos muchas personas cuando seguimos en un trabajo que no nos satisface o, más aún, nos hace sentir profundamente infelices. Si seguimos en él es por razones sobre todo económicas. En cambio, dedicarme a algo que amo y ayudar a los demás, sin un gran apego al resultado, ha sido justo lo que me dio un cambio increíble en lo económico.

Ahora tener éxito y brillar está relacionado con esos nuevos conceptos que he mencionado más arriba.

Y como siempre, ahora te toca a ti. Si has detectado que tu visión del éxito o del brillo tiene unas asociaciones limitantes, busca otros valores que conectan con tu esencia y observa cómo puedes asociar esas nuevas creencias a esos valores.

No olvides escribirlo e incluso repetirlo durante los próximos días hasta que sientas que las nuevas creencias tienen más peso para ti que las anteriores.

Y aquí termina esta segunda parte del libro, donde espero que hayas logrado descubrir qué creencias profundas están limitando tu crecimiento y cómo las puedes cambiar. Ahora vamos a entrar en la parte central de este libro y nos enfocaremos en las emociones y nuestra sombra, pues detrás de una vida que no nos satisfaces casi siempre hay algún estado emocional limitante. ¡Descubramos más sobre las emociones y aprendamos a usarlas a nuestro favor!

PARTE III

LIBERANDO TU SOMBRA: TRASCIENDE TUS EMOCIONES INCÓMODAS

1. La culpa tóxica

Antes que nada, veamos qué es la sombra. Se trata básicamente de emociones inconscientes de nuestra personalidad, emociones, rasgos y actitudes que tu parte consciente no reconoce como propios. Emociones como la culpa inconsciente, el rechazo, la envidia, la ira o la vergüenza que tratamos de ocultar de los demás o de nosotros mismos.

Aunque en la práctica no necesariamente son emociones que desconoces de ti o rechazas. Puedes convivir perfectamente con ellas, reconociéndolas como propias e incluso usándolas de excusas para no avanzar en tu vida.

El problema de este tipo de emociones es que, mientras tengan relevancia en tu vida, es muy difícil progresar, cambiar y vivir una vida plena, pues actúan como un ancla dejándote en el mismo sitio. Se convierten en la llamada zona de confort.

Trabajarlas y liberarlas será clave para sentirte protagonista de tu vida y empezar a vivir como quieres.

Recuerdo que en mi formación de *coaching* tenía una profesora de inteligencia emocional que no dejaba de repetirnos: todas las emociones son tesoros. Nos enseñó algo muy importante: que no existen emociones buenas ni malas, que todas son necesarias y son mensajes que nos trae nuestro cuerpo para empoderarnos y expandirnos (las emociones agradables) o para tomar acción y realizar un cambio (las emociones desagradables).

Peeeero... aunque todas las emociones son necesarias y todas ellas son tesoros, también pueden ser de estos dos tipos: adaptativas y desadaptativas. Y son esas segundas las que más nos interesan aquí.

¿Qué es una emoción adaptativa? Pues básicamente una respuesta a un estímulo para poderme adaptar a lo que está sucediendo.

Si siento ira es que tal vez se ha violado mi espacio. Si siento miedo, necesito protegerme (atacar, paralizarme o huir). Si siento tristeza, es posible que haya perdido algo importante para mí y necesite un tiempo para asimilarlo.

Las emociones en general tienen una duración corta y suelen ser intensas. Hay excepciones, por supuesto, cuando siento tristeza por una pérdida importante y necesito atravesar una etapa de duelo.

Pero cuando mi emoción respecto a algo que está sucediendo no tiene una relación directa con ese suceso, sino con algo de mi pasado, y además es una emoción que se repite con bastante frecuencia ante determinadas situaciones, estoy ante una emoción desadaptativa. Es decir, no se trata de adaptarme a lo que está pasando aquí y ahora para actuar y cerrar el capítulo, sino que mi reacción no tiene que ver directamente con mi vivencia actual.

Un ejemplo muy sencillo aquí podrían ser las críticas. Si alguien me critica de manera constructiva y amable, o incluso es mi profesor, que realiza críticas para ayudarme a mejorar, y yo respondo de forma exagerada o no acepto esa crítica, seguramente mi problema no sea del presente con ese profesor sino con mi pasado, con alguien que en algún momento me criticó de forma desproporcionada y yo no supe cómo defenderme de ello, por lo que la crítica en mi vida actual me recuerda ese conflicto no solucionado y sufro a causa de ello.

Lo mismo podríamos decir acerca de sentirme humillado cuando alguien no me tiene en cuenta, o cualquier reacción emocional desproporcionada que nos conecta a experiencias dolorosas de nuestro pasado, especialmente nuestra infancia.

En este apartado vamos a empezar con una emoción muy común en muchas personas, que es la culpa tóxica o desadaptativa.

Sentir culpa por algo que ha sucedido no tiene por qué ser terrible. Es una emoción y una reacción natural cuando sentimos que hemos violado alguno de nuestros propios valores o hemos causado daño a una persona. La conclusión de sentir culpa podría ser: «No lo volveré a hacer».

Por ejemplo, muchas madres, cuando gritamos a nuestros hijos podemos sentir culpa después, pues estamos violando nuestro principio o valor de amor y respeto por ellos. Lo normal después de haberles gritado es pedirles disculpas, explicar si procede por qué ha sucedido (por ejemplo, porque tenía un mal día o porque fue una reacción ante algo que hicieron) y prometerles que no volverá a pasar, procurando lógicamente evitar ese tipo de situaciones en el futuro.

Pero una cosa es esta culpa adaptativa que nos indica que cambiemos algo y otra muy distinta es vivir con una culpa inconsciente, sintiéndonos culpables de algo, sintiendo que somos malos, inadecuados, que algo está mal en nosotros.

Esta culpa inconsciente o tóxica está muy relacionada con la primera de las 4 creencias raíz que mencionaba en el capítulo anterior. La idea es que al nacer yo o ser yo muy pequeña me sentí inconscientemente culpable por algo que sucedía en la vida de mis padres o mi entorno más cercano.

Algunos niños incluso llegan a sentirse culpables cuando sus padres se divorcian, o simplemente no son felices y están todo el día enfadados o les hablan mal.

Un niño no entiende qué ocurre realmente y desconoce las verdaderas razones de ello (lo habitual es que ni el adulto sea consciente de por qué le pasa lo que le pasa); y como el niño no encuentra otra forma de explicar lo sucedido, a menudo llega a la conclusión de que es culpa suya el que sus padres no estén contentos.

Además, el típico reproche que se les hace a los niños de «mamá está enfadada porque te has portado mal», repetido una y otra vez, crea en ellos la creencia de que son ellos los responsables de los estados emocionales de sus progenitores.

Un niño al que de pequeño se le tacha de malo, rebelde o bicho… al final adopta esta personalidad. O si está en contra de esta etiqueta se esforzará por hacer justo lo contrario: tratará de ser buena persona agradando a los demás.

Y en la edad adulta, seguirá tratando de agradar a los demás, sintiéndose en el fondo mala persona, tal como lo llegó a creer de pequeño.

Si uno se siente malo, inadecuado, incorrecto… sentir culpa por no ser como se debería ser es algo muy habitual.

Y así, me doy cuenta de que la gran parte de mi vida ha transcurrido tratando de demostrar a mis padres y a los demás que yo no era mala, que era una buena persona.

Cuando pienso en esta situación me viene a la cabeza el siguiente diálogo, que posiblemente nunca llegó a producirse pero que es mi interpretación profunda de esta herida de no ser adecuada o no ser buena.

—¡Eres mala! ¡No te queremos!

—¡Os voy a demostrar que soy buena! ¡No tenéis razón!

Imagínate lo duro que es vivir tratando de demostrar a los demás que no eres mala, que eres una buena persona…

Si te has identificado con esto, seguro que lo entiendes muy bien.

De esto ya hemos hablado antes en este libro.

Ahora quiero que, en lugar de sentir rechazo por ciertas emociones, incluso las desadaptativas como la culpa tóxica, vayamos a conocerlas un poco más y así lograr que terminen de reinar en nuestra vida.

¿Pero cómo es realmente vivir con la culpa tóxica? ¿Cómo se manifiesta en tu vida? Y, sobre todo, ¿eres consciente de cómo llegas a sentirla?

Recuerda: la culpa significa haber violado mis propios valores. ¿Pero cuáles son esos valores? ¿Los conoces?

Siguiente pregunta: ¿en qué momentos siento que no soy buena, que no soy adecuada?

Observa esos momentos. Observa tu lenguaje. Esos «debería...», «ojalá lo hubiese hecho de otro modo...», «no lo estoy haciendo bien...». ¿Cuándo y cómo surgen en tu vida? ¿Se repiten en algún contexto concreto? Por ejemplo, en tu relación de pareja o con tus hijos... O quizás con algo relacionado con tu trabajo. O tu relación contigo misma.

Como siempre, te pongo un ejemplo personal. Y un ejemplo muy interesante, pues tiene que ver con la escritura de este mismo libro.

Resulta que la idea de escribir y publicar vino a mí en 2017. Empecé muy ilusionada pero al poco tiempo lo dejé por falta de tiempo. ¡Y eso que no era madre todavía!

Volví a retomarlo 4 años después y ahora sí soy madre y emprendedora al mismo tiempo, como ya te había contado.

Sin embargo, cada vez que me ponía a escribir sentía algo de remordimiento. Como una culpa apenas visible que me impedía dedicar todo el tiempo del mundo a escribir.

Analizando mis patrones me di cuenta de lo siguiente: en realidad asocio la escritura de este libro con mucho placer. No me cuesta nada hacerlo. De hecho, escribir es lo que hacía desde que soy adolescente en mis ratos libres, cuando no tenía nada mejor que hacer. No me costaba nada y era un pasatiempo entretenido que a su vez me ayudaba a aclarar las ideas y a sentirme mejor.

Ahora mi vida de madre y emprendedora responsable está muy lejos de la de aquella adolescente despreocupada que tenía bastantes ratos de tiempo libre y se aburría porque no le dejaban salir.

Así que vuelvo al patrón y a la creencia de antes: escribir es un pasatiempo, algo divertido pero que no es productivo; solo puedo hacerlo cuando no tengo nada mejor que hacer, cuando tengo ratos libres y me siento aburrida.

Y, a decir verdad, a día de hoy es imposible que me sienta aburrida. Tengo un negocio propio que atender, clientes de varios cursos y formaciones, incluso tengo a una persona a mi cargo que trabaja en mi equipo, además de mi marido y socio. Y eso sin mencionar a las dos niñas a las que amo con toda mi alma, mis hijas, que aún no han cumplido los 5 años de edad y requieren de toda mi atención cuando no estoy trabajando. Obviamente escribir un libro en este nuevo contexto encaja muy poco con una visión de aburrimiento, despreocupación y disfrute.

La cuestión es que si miro más allá descubro algo aún más profundo. En esta etapa de mi vida no me estoy permitiendo disfrutar, descansar y hacer las cosas por puro placer. Solo dedico el poco tiempo libre que tengo a lo productivo. Incluso cuando estoy cocinando (casi siempre algo rápido por falta de tiempo) o colgando la ropa, aprovecho esos ratitos para escuchar audios o vídeos de formaciones a las que estoy apuntada o a profesionales del sector que me inspiran y de los que aprendo.

Así que si escribir es un placer para mí, si no tiene fines claramente productivos o económicos... entonces tengo la firme creencia de que estoy desatendiendo otras áreas importantes de mi vida como el trabajo o la crianza de mis hijas. Es decir... *¡tachán tachán!* (redoble de tambores), estoy siendo egoísta.

Ya está: hemos llegado a la raíz del asunto. Si escribo este libro, y encima lo estoy disfrutando, estoy siendo egoísta, solo pensando en mí misma y olvidándome de los demás.

¿Te suena de algo? La famosa creencia de que disfrutar o ponerte en primer lugar antes que ocuparte de otros es malo, egoísta, es ser mala persona.

De acuerdo, ¿qué valor estoy violando aquí? Seguramente mi valor de generosidad. Y ya no solo hablo de valores, sino de mi identidad de buena persona.

¡Dichosa culpa inconsciente que tantas «buenas personas» estamos viviendo día sí y día también! Si eres de las buenas, de las mías, es bastante probable que te pases gran parte de tu vida sintiendo culpa cuando te atiendes a ti misma, cuando disfrutas o dices no a los demás.

Pero para eso estamos aquí, para romper con esa creencia de base, esa identidad limitante de que las buenas personas deben ocuparse siempre de los demás y olvidarse de sus propias necesidades.

Porque, en realidad, ¿qué hay de malo en ser egoísta?

El egoísmo puede ser visto como una virtud, como dice el título de un gran libro de una gran mujer, *La virtud del egoísmo*, de Ayn Rand, que le regalé el otro día a mi marido. En realidad fue él quien me lo mostró en la Casa del Libro mientras me estaba esperando porque yo estaba en una consulta médica (la del alineamiento dental).

Me pareció una verdadera causalidad que me mostrara ese libro con esa temática, porque minutos antes de verlo había tomado la decisión de invertir una suma importante de dinero en mejorar el estado de mi boca.

Al llegar a casa aún seguía preguntándome en qué otras cosas mejores o –peor aún– más necesarias podía haber gastado ese dinero. Por ejemplo, en algo importante para mis hijas o para el negocio... Pero luego no le permití a esa culpa inconsciente que siguiera campando a sus anchas. Le dije: «¡Stop!». Respiré profundamente y pasé a otra cosa.

Suena sencillo de hacer pero es un acto de generosidad contigo mismo que debes vigilar de cerca y ser muy consciente de lo que te está pasando.

Y aquí viene la nueva creencia y una revisión necesaria de mi valor de generosidad: ser egoísta es ser generosa conmigo misma.

En cuanto aparece doña culpa inconsciente la puedes mirar a la cara y decir: sé quién eres y por qué estás aquí. Quieres que sea una buena persona, esa es tu intención positiva y te doy las gracias por ello. Pero puedo ser una buena persona desde otro lugar, desde mi centro, amándome y respetándome y poniéndome en primer lugar. Y esto es perfecto porque... Porque soy la persona más importante de mi vida.

Y si yo no me cuido, no podré dar lo mejor de mí a los demás. Si yo no me amo, no podré dar mi amor a los demás.

Respira hondo y sigamos avanzando por las sombras de nuestro ego, por nuestro mundo emocional profundo, muchas veces invisible... Es un camino apasionante, aunque no siempre cómodo, la verdad.

2. El rechazo como camino de integración

Una de las heridas de la infancia más profundas e inconscientes es el rechazo, también entendido como miedo al rechazo.

Cuando en nuestra vida adulta sentimos que alguien nos rechaza, es decir, no nos aprueba o valida, o simplemente se dirige de manera poco respetuosa hacia nosotros, esta herida, que muchas personas llevamos dentro, se activa, generando mucho dolor, conflictos internos y externos, problemas, separaciones, pérdidas económicas, de trabajo, de amistades.

Uff, solo de pensar en la cantidad de veces que no somos conscientes de ello pero vivimos este rechazo se me ponen los pelos de punta.

Si seguimos por el camino de las emociones que empecé con la culpa tóxica, puedo decirte que el rechazo invisible, por llamarlo de alguna manera, está al final de esta culpa.

Si la culpa te lleva a pensar que eres mala persona (egoísta, malvada, falsa, hipócrita, envidiosa, avariciosa, y la lista puede seguir infinitamente, en función de lo que para ti sea sentirte mala persona), el rechazo es el resultado final de ser mala.

Pues ¿qué les ocurre a las malas personas en el ámbito social o afectivo o familiar? Que suelen ser desterradas, abandonadas, repudiadas, criticadas, vilependiadas, juzgadas, castigadas, atacadas.

¿Y a dónde nos llevan todas estas acciones, especialmente las más dolorosas, incluso en lo físico? Por desgracia, nos llevan a la muerte. Uno de los más grandes miedos del ser humano, y lo que mantiene nuestro ego alerta para sobrevivir, es el miedo a la muerte, miedo a desaparecer, a dejar de estar en este plano.

Y el rechazo, cuando es una de nuestras heridas más profundas, nos lleva a conectar de forma invisible con este miedo.

Si me rechazan, me repudian, se alejan de mí, me ignoran y me castigan por ser malo, incorrecto o inadecuado, me sentiré solo y desterrado, y moriré o malviviré como un paria, un ser marginado y despreciado.

Está claro que contado así suena muy exagerado, pero es precisamente ese miedo tan profundo lo que se esconde detrás de nuestros miedos habituales, una auténtica pesadilla para muchas personas.

Y no tienes que irte muy lejos para conectar con ello. Ni yo misma me tengo que ir.

Antes de seguir con este capítulo te cuento un ejercicio muy hermoso y potente, conectando con mi Yo Superior, esa parte sabia o alma que todo ser humano posee.

Recuerdo hace años, cuando inicié mi camino como *coach*, haber vivido un episodio conflictivo con una persona que me escribía decepcionada, donde me reprochaba que no había resultado ser la buena persona que ella creía que era.

Esa persona actuaba de espejo de mi herida, de mi dolor, de mi miedo al conflicto. Esa persona era, sin duda alguna, mi maestra. Al recibir su mensaje sentía una necesidad imperiosa de responder a su correo defendiéndome, haciéndole ver que no era verdad que era mala o injusta, sino todo lo contrario.

Y lo más interesante es que todo esto sucede en medio de un cóctel emocional donde está presente el miedo, el miedo a la muerte.

«Pero, María... –puedes decirme–, ¿de verdad creías que esa persona podía matarte con sus correos?».

Claro que no. Mi parte consciente sabía perfectamente que no iba a morir por recibir esos correos. De hecho, podía decidir no responder, ignorarlos.

Pero era mi parte niña, mi herida, la que hablaba por mí y activaba todo este torrente emocional de rabia y miedo al mismo tiempo. Un torrente emocional que no es nada fácil de parar.

Situaciones como esta se han sucedido en varias ocasiones a lo largo de mi vida. Lo que ha cambiado es cómo reacciono a ellas en el presente.

De hecho, me pasó algo similar hace no mucho. Y quiero compartir contigo cómo logré cambiar mi estado.

Empecé preguntándome una y otra vez qué es lo que tanto temía de ese rechazo. Y que si esto que tanto temía ocurría, ¿qué pasaría entonces, qué temería entonces?

Rápidamente llegué a la conclusión de que en realidad nada terrible pasaría, solo que si se llegasen a cumplir todos mis miedos uno tras otro yo misma me sentiría mala persona y la gente de fuera, mis lectores o colegas de profesión, o algunos de ellos, verían en mí a esa mala persona.

«Mala persona»... sonaba en mi cabeza mientras me iba tranquilizando poco a poco. «No soy mala persona en esencia», me decía por dentro al mismo tiempo. En realidad, creo firmemente que nadie es malo.

En esencia todos somos buenos. Pero nos esforzamos demasiado en parecer buenos, porque de pequeños nos han hecho creer que éramos malos por esto o por lo otro. Pero es una gran mentira. Nadie lo es.

¿Y qué pasa si esa persona que me ataca con sus correos (y a que a su vez seguramente se ha sentido engañada o traicionada por mí) piensa que soy mala? ¿Acaso no pienso yo lo mismo de ella?

¿Pero es verdad que ella es mala o, igual que tú, está llena de heridas, miedos, y, a diferencia de ti, no lleva un gran recorrido de crecimiento personal, con lo cual es más comprensible que actúe como actúa?

Conforme este diálogo se iba reproduciendo en mi cabeza me iba sintiendo más y más tranquila, en paz conmigo misma.

Y eso de ser mala... ¿acaso no tienes derecho a ser mala en algún momento de tu vida o con respecto a una situación? Está claro que no es tu intención, pero no puedes ser buena para todo el mundo; de hecho es lo que tanto daño te ha hecho toda tu vida...

«Voy a permitirme ser mala», me repetía por dentro. Me permito ser mala alguna vez. Reconocerlo. Al igual que cualquier ser humano puedo y me permito serlo. No existen personas santas o buenas en su totalidad.

Al día siguiente, no obstante, mi cabeza aún seguía dándole vueltas al descubrimiento del otro día y me preguntaba cómo podría enfocar mejor mi reacción en futuras ocasiones a ese tipo de correos. Cómo podría no sucumbir al cóctel emocional, cómo podría ver esos mensajes con otros ojos, otra energía.

Y, como te comenté más arriba, decidí conectar con mi Yo Superior y pedirle consejo.

Cerré los ojos, respiré profundamente y dirigí mi mirada hacia arriba (con los ojos cerrados siempre), como conectando con un espacio luminoso por encima de mi cabeza, que es donde siento que radica mi Yo Superior.

Vi una esfera, o más bien un toroide de luz amarilla, dorada y dentro una figura, aunque no logré distinguir su rostro. Sabía que esa soy yo, mi alma, mi parte sabia.

Y le hice esta pregunta: ¿qué puedo hacer con respecto a esta persona para cerrar este conflicto?

La respuesta no llegó enseguida. Al cabo de un par de minutos que se me hicieron eternos, escuché una palabra: amor.

Luego vi cómo esa parte me abrazaba. Y a su vez abrazaba a mi niña interior.

«Ella (la persona que me atacaba) también tiene sus heridas, su miedo al rechazo, se sintió rechazada por ti», escuché por dentro.

«Abrázala, ayúdala, intégrala».

El mensaje era claro: no la rechaces.

Me di cuenta enseguida de que era verdad: estaba rechazando con todas mis fuerzas a esa persona, a pesar de saber que era mi maestra y me estaba enseñando algo grande.

Pero la verdad era esta: solo aceptándola y amándola podré salir del bucle mental.

Así que imaginé que igual que mi alma me estaba abrazando hacía un instante, yo estaba abrazando a esa persona, abrazando su alma.

«Gracias por lo que me estás enseñando —le dije primero—. Perdona por haberte hecho daño. No era mi intención real.

Te acepto y te amo, porque aunque no te conozca en persona, sé que eres igual a mí, eres yo... y que también tienes heridas que han conectado con las mías.

Yo aprendo a través de ti y te doy la oportunidad de aprender a través de mí».

Al terminar esta pequeña visualización envuelta en ese toroide de color dorado abrí los ojos y me sentí en paz, llena de comprensión e integración.

Y esto es una minúscula muestra de lo que podemos hacer cuando nos sentimos rechazadas o sentimos rechazo por parte de alguien. Ese gran miedo al rechazo en el fondo nos está diciendo una única cosa: estás desconectada de tu verdad, estás desconectada de tu esencia, de tu alma. El alma integra, acepta, une y perdona. El alma solo sabe amar.

Es el ego quien a través del orgullo decide tener razón a cualquier precio, incluso si esto significa sufrir.

Ahora, desde otro lugar, puedo tomar otra decisión diferente y hasta responderle a esa persona desde el amor y la aceptación.

«Querida maestra,

Siento que no estemos poniéndonos de acuerdo con este problema. Hay rechazo e indignación, hay falta de comprensión y de unión en nuestros mensajes cruzados.

En realidad hay heridas que tenemos por sanar ambas, que han ido chocando. Pero todo lo que recibo de ti es un mensaje que por fin puedo y quiero oír: ama, acepta, perdona y agradece.

Así que voy a hablarte desde otro lugar. Incluso si no quieres oírlo o recibirlo, no busco que me digas nada ni respondas de una determinada manera a este correo. Simplemente te diré que somos lo mismo, aunque seamos de lu-

gares diferentes o tengamos edades diferentes, o nuestras vidas sean completamente diferentes. Estas son meras apariencias.

En este camino necesité que alguien como tú llegara a mi vida para enseñarme el amor incondicional y el perdón. Y tú estás siendo mi maestra en este camino. No la única ni la última, pero ahora, sin que lo busques, ese es tu papel.

Rechazarte no me sirve de nada; solo aumenta mi dolor. Así que decido a partir de ahora aceptarte tal como eres, aceptar tus mensajes, tu enfado, tu decepción. Y también acepto con ello mi propia decepción y mi propio enfado.

Te escribo esto desde mi parte sabia. Mi parte consciente.

Y aunque creas que es un mensaje solo para ti, en realidad es un mensaje para mí, en el que me acepto y me amo, porque solo amándome y aceptándome, con mis luces y sombras, puedo amar y aceptar a los demás.

Gracias por todo lo que me estás enseñando. Gracias de verdad».

Ahora te propongo a ti que observes tu vida y notes en qué momento ha habido rechazo a algo o alguien, o quizás a ti misma, a lo largo de estos días. ¿Qué te está enseñando el sentir o percibir ese rechazo? ¿Actúa como un espejo para ti? ¿Hay alguien a quien no soportas?

Conecta con tu Yo Superior y pídele que te dé respuestas. Y si llegas a una revelación basada en el amor y la unión, incluso puedes escribirle una carta a esa persona, o a ti misma de niña, si es un autorechazo. No hace falta que se la envíes a la otra persona. La puedes guardar, romper o tirar. El mero hecho de hacerlo te libera.

3. La envidia, maestra de autoestima

Creo personalmente que la envidia es de las emociones que más tratamos de ocultar los seres humanos. Como si hubiera en ella algo especialmente malo, denostado, vergonzoso...

Decirle a alguien «siento envidia de ti» o «siento mucha envidia de esta persona», salvo que lo disfracemos de envidia sana, parece algo políticamente incorrecto.

Y tiene cierto sentido. La envidia en el sentido estricto es desear que el otro no tenga eso que yo (muchas veces secretamente o, incluso, inconscientemente) deseo. Hay un componente de rechazo hacia la otra persona. Este es un tipo de envidia muy doloroso y destructivo, pues conlleva mucha ira. No es la más habitual, aunque hay que decir que todos podemos sentir esos impulsos en algún momento de nuestra vida.

Aunque no me detendré en este tipo de envidia en concreto, pues no es muy familiar para mí, sí hablaré de otro tipo de envidia, más silenciosa, más sutil, incluso invisible a simple vista, pero también profundamente destructiva para la autoestima.

Esta envidia silenciosa, sutil o ligera (algunos la llaman envidia blanca) es la envidia que te lleva a sentir pena por ti mismo. Una extraña mezcla de sentimientos que se da cuando ves a los demás triunfar o tener éxito en algún ámbito de la vida, donde por un lado te alegras por ellos (aunque es una alegría poco sincera, me parece, un poco agridulce) y al mismo tiempo sientes que es algo que tú jamás tendrás.

Esa envidia me lleva a mi época menos feliz, laboralmente hablando. Tenía ya de por sí un trabajo donde me sentía menos, pues había estudiado una carrera universitaria de 5 años como publicista y acabé trabajando en una multinacional como teleoperadora. No fue pura necesidad económica la que me llevó a aquel trabajo, sino más bien mi mentalidad de escasez: «Prefiero un pájaro en mano que ciento volando».

En ese trabajo me tocaba hacer guardias algunos fines de semana, por si había llamadas urgentes relacionadas con equipos de informática de grandes empresas o sistemas caídos. Lo cierto es que rara vez alguien llamaba y yo me pasaba las horas viendo películas, escuchando jazz, aprendiendo idiomas, escribiendo mis novelas o chateando por Messenger.

En momentos de aburrimiento solía recorrer los vacíos pasillos, pasando por los puestos de mis compañeros, observaba sus mesas, las paredes del cubículo de cada uno, tan diferentes entre sí. Me gustaba eso de mirar y conectar con sus aspiraciones, deseos, vidas...

Recuerdo estar observando la mesa de una compañera con una foto de su marido y su hijo pequeño. Y ahí conecté con esa envidia sutil, ese decirme por dentro: «Qué bien, familia, felicidad, hijos... Yo nunca tendré nada de eso».

Una sensación agridulce, pues de alguna forma me sentía diferente al resto de personas y eso me hacía pensar que así era especial. No necesitar una pareja estable o familia feliz, no saber cuál era mi lugar o dónde estaba mi casa, vivir al día, un poco en modo soñadora, diferente e incomprendida...

Había algo de resignación, de conformismo en esa rebeldía de no querer ser como todo el mundo. Pues de alguna forma tenía que demostrarme que mi forma de vida tenía sentido.

«Ellos pueden y yo no. Qué bien por ellos, pero bueno, mi vida tampoco está tan mal».

No sé si alguna vez te ha pasado...

Tratamos de esconder nuestro dolor y nos inventamos todo tipo de razones para seguir aferrándonos a esa vida de menos, a esas condiciones mediocres que nos ha tocado vivir.

También recuerdo observar fotos en Facebook de otras familias con hijos, o simplemente de parejas estables en una playa... Y sentir que yo tampoco podría tener todo eso.

Recuerdo que en uno de mis primeros procesos de *coaching* largos, en un programa mío llamado «El sendero de tus sueños», trabajé con una *coachee* que vivía en un lugar con el que en aquella época de sentirme poca cosa solo podía soñar: el Caribe.

Sí, mi Yo de antes tenía cierta envidia de esas personas despreocupadas, que viven en un lugar paradisíaco, lleno de naturaleza exhuberante. Y, sin embargo, esa *coachee*, llamémosla Berta, que no era originaria de aquel país, se sentía muy perdida, muy sola, muy incomprendida por su entorno... Parecía que me estaba describiendo un lugar inhóspito o sombrío, y no ese espacio mágico de cocoteros y playas de arena blanca.

Además, los *coaches* y profesionales de la ayuda casi siempre atraemos a personas similares a nosotros. Nuestros clientes se convierten así en nuestros espejos, de nuestro presente o del pasado.

Berta vivía anclada en una relación de pareja que no iba a ninguna parte. Su pareja, si es que podía llamarse así, no la valoraba, y cada vez que ella pasaba tiempo con él se quedaba peor que antes. Me decía que no podía dejarlo porque se sentía tan sola en aquel país (donde estaba por trabajo) que prefería eso que nada. Pero esa relación le iba drenando y socavando su baja autoestima.

La situación de Berta me recordaba mucho una relación larga de mi época anterior, donde mi débil autoestima no hacía más que tambalearse cada vez que pasaba tiempo con alguien para quien yo no era importante, sino una persona de segunda clase de la que se aprovechaban.

El problema de Berta y el mío en el pasado era precisamente este: no nos amábamos lo suficiente para decir basta, para marcar los límites y decidir poner fin a una relación que no nos convenía. Preferíamos migajas de amor a encontrarnos solas. Aunque de amor ahí había ciertamente poco.

Y cuando volvíamos a nuestra vida de siempre, lejos de esa «pareja», empezaba a visitarnos la culpa, la sensación de no merecimiento, la inferioridad y hasta la envidia. Pues daba la sensación de que todos los demás eran «normales» y tenían vidas envidiables menos nosotros.

Y entonces caíamos en el victimismo, en sentirnos poca cosa y entonábamos el eterno cántico de «pobrecita yo».

Un día, en una de nuestras sesiones, le hice una pregunta que le resonó mucho.

—Berta —le dije—, ¿cómo te sientes realmente cuando conectas con esa pena por ti? Sé sincera, por favor. —Le pregunté eso porque quería descubrir si lo que ella sentía se parecía a lo que había sentido en el pasado yo misma.

—¿Sabes qué, María? —me dijo—. En realidad, siento que me lo merezco.

—¿Que te mereces qué?

—Eso que me está pasando. Merezco ese rechazo.

Ahí estaba el tema. En realidad, las personas que hemos vivido un rechazo muy grande en nuestra infancia o incluso al nacer... lo buscamos inconscientemente durante nuestra vida adulta. Buscamos reconectar con ese rechazo de otros, porque en el fondo es lo que conocemos: nuestro propio autorrechazo.

Berta, al igual que yo en el pasado, elegía parejas que la rechazaran, le hacían sentir de menos e inferior, indigna de nada mejor, precisamente porque su inconsciente buscaba reafirmarse en ello. Es lo que su cerebro conoció como seguro durante toda la vida. ¿Acaso buscará que Berta sea feliz? El cerebro no busca que seamos felices, busca simplemente que sobrevivamos. Y si la supervivencia le ha venido a través del rechazo, inconscientemente buscará relaciones donde revivir ese rechazo una y otra vez.

El trabajo con Berta fue largo e intenso, e incluso cuando terminamos, ella siguió trabajándose la autoestima con otros de mis cursos y formaciones.

No te voy a engañar si te digo que esa resignación a sentir pena y rechazo por ti misma, esa envidia blanca de los que sí tienen cuando tú no... no es algo que se pueda resolver en poco tiempo. Vivimos tan anclados a esas sensaciones, emociones, que fabricamos ese cóctel emocional y hormonal de manera inconsciente todos los días.

Pero darte cuenta de ello ya es un gran paso.

Por ahora te propongo eso mismo: descubrir si hay personas concretas que despiertan en ti esa sensación de envidia, de resignación, de pensar que ellos pueden o tienen algo especial y que tú no vas a poder conseguirlo porque algo falla en ti.

Anota los nombres de esas personas y los detalles de eso que envidias de ellos. Y, cuando termines, te propongo cerrar los ojos y visualizarte en su situación, cambiándote tú por esa persona, «suplantando de alguna forma su identidad» por unos minutos.

Permítete saborearlo, visualizarlo, incluso si te sientes incómoda y quieres salir huyendo. Permítetelo. Siente tu cuerpo, tus reacciones, tus sensaciones. Tal vez surja alguna idea nueva o quizás simplemente no desees visualizarlo más. Todo son respuestas.

Y es que el gran poder de sentir la envidia, además de proporcionarte toda esta información, es que te indica lo que realmente deseas y te muestra a esa persona que ya lo ha conseguido.

Observa la diferencia entre estas dos frases:

«Si otros lo tienen, yo ya no lo tendré»; «Si otros lo han conseguido, significa que yo también lo podré lograr».

La primera frase te lleva a la escasez: creencia errónea de que no hay suficiente para todos. La segunda frase te lleva a la inspiración. Te fijas en el que lo ha hecho y tratas de acercarte a ello.

La primera está basada en el miedo. La segunda, en el amor.

Y para terminar, piensa que sentir envidia es algo muy positivo. Sí, aunque suene extraño. Y es que la envidia te muestra el camino hacia la autoestima. Si sientes envidia es que crees que no puedes o no mereces tener algo. Y la falta de competencia y merecimiento son precisamente las dos caras de una baja autoestima.

Reconocer que sientes envidia y darte el permiso de desarrollar tu merecimiento es la clave para empezar a aumentar la autoestima, como veremos en próximos capítulos de este libro.

4. La falta de merecimiento y los contratos emocionales

En el capítulo anterior te hablaba de la autoestima como falta de la sensación de merecimiento. Pero también hay un factor a tener en cuenta a la hora de construir tu autoestima, y es la sensación de competencia. Veamos con más detalle de qué se trata.

La competencia es la creencia de que podré con ello, es tu capacidad. Y está muy ligada a la autoconfianza.

¿Pero qué se entiende por tener una buena autoestima? Se trata de la sensación o convencimiento adquirido a través de experiencias de que podrás enfrentar los distintos desafíos que la vida te ofrece, así como el convencimiento de que mereces lo que necesitas y deseas de la vida.

Y ahora viene lo más interesante. Como te acordarás, en un capítulo anterior realizamos un viaje al mundo del reino animal, en el cual todo está perfectamente orquestado. Gracias a la jerarquía que existe en él, las especies se adaptan al medio, evolucionan y se produce la selección natural.

Y esa jerarquía y evolución tienen mucho que ver con la supervivencia.

Así, el animal de rango superior es el más agresivo y a ese es al que temen en su clan, a quien le entregan el trozo de comida más grande, con el que animales de rango inferior no pelean y se someten a su voluntad.

De hecho, las cosas deben funcionar de este modo en el reino animal porque solo así la especie sobrevive. Si todos los animales fueran alfa, se matarían entre ellos por un trozo de comida.

Está claro que no somos animales. Y aunque tengamos instintos, la parte buena es que no necesitamos dejarnos llevar por esta jerarquía primitiva.

Sin embargo, en un nivel muy inconsciente llegamos a menudo a vivir esta jerarquía, incluso dentro de nuestro propio clan familiar.

En cada entorno habrá alguien que sea el fuerte, al que teman, incluso si ese ya es una persona muy mayor o ni siquiera está viva. Por ejemplo, abuelos, abuelas, bisabuelos, etc. Me viene a la mente un personaje de la famosa serie de televisión *Breaking Bad*, don Héctor Salamanca, que siendo un anciano parapléjico que no puede ni hablar dirige un cartel de la droga desde una silla de ruedas y usando una campanilla para dar órdenes a chicos jóvenes y fuertes, que lo temen y respetan.

Y es que si tú no te sientes una persona merecedora (es decir, no te sientes alfa, dueña de tu vida), es que seguramente existe una creencia inconsciente de que hay alguien en tu clan que sí lo es. Y si tú pretendes tener lo mejor de la vida es que se lo estás disputando a ese alfa real o imaginario.

Aunque también puede suceder que en tu clan nadie sea alfa, sobre todo si tus antepasados se han sentido parias durante muchas generaciones y han aprendido inconscientemente a tener miedo a ser alfa. Y eso se tradujo en no desear lo mejor: sea dinero, amor, reconocimiento, el trabajo de tus sueños, etc.

Esa información inconsciente influye enormemente en nuestro merecimiento de base.

Todo esto que te estoy contando son los llamados contratos emocionales o lazos de lealtad. La parte mala es que esos contratos implícitos a su vez se basan en el miedo. Si tener éxito en el amor le corresponde a mi hermano, yo no debo tenerlo, pues me corresponde, por ejemplo, tener éxito en el trabajo.

Si lo tengo todo, si lo consigo todo, es posible que tenga que lidiar con estas voces en mi cabeza: «¿Quién te crees que eres? ¿A dónde crees que vas? ¿No te lo habrás creído demasiado?».

Este era el caso de una de mis clientes de *coaching*, Raquel. El éxito profesional se le auguraba a su hermano mayor, pues siguió los pasos de la tradición familiar y se convirtió en abogado. Ella, en cambio, eligió un camino que su familia no aprobaba. Y no solo eso; años después dejó su carrera para dedicarse a las terapias alternativas. Desde que inició este camino dejó de compartir sus éxitos con la familia, pues sentía que era un tema que los incomodaba.

Si tú también sientes esa falta de merecimiento generalizado o en algunas áreas de tu vida, te voy a proponer una solución y metáfora: abrir los grifos de la abundancia.

Imagina que tienes ante ti varios grifos con agua que puedes abrir o cerrar a voluntad. Uno pertenece al amor de pareja. Otro a la familia que sueñas tener. Otro al dinero que quisieras en tu cuenta bancaria. Otro al trabajo de tus sueños. Otro a una salud fuerte... Y así hasta donde desees. Cada grifo es un área de tu vida.

Quizás en tu vida actual tengas abiertos 3 o cuatro grifos. O quizás todos, pero en algunos de ellos el flujo de agua es muy débil, pues no te atreves a abrirlo más. Algunos de estos grifos incluso pueden estar cerrados a cal y canto.

¿Quién decide abrirlos o cerrarlos? Pues básicamente tu inconsciente. Ese que te dice que es más seguro tenerlos cerrados, no vaya a ser que al tener éxito tú alguien te envidie o se incomode, o piense que le estás quitando su trozo.

Son nuestros padres, abuelos, o parte de ellos los que han recibido la misma información y nos la han pasado a nosotros.

Nuestra falta de merecimiento puede venir de nuestros bisabuelos, haberse reforzado con los mensajes en la familia y afianzarse definitivamente en la época de los estudios.

Porque..., y aquí viene la clave oculta de todo este capítulo, ese mecanismo de falta de merecimiento nos ha permitido sobrevivir durante generaciones. La falta de merecimiento podría ser para tu clan familiar un mecanismo de supervivencia.

¿Y recuerdas qué es lo que más desea nuestro cerebro? Sobrevivir.

Ahora que hemos entendido el sentido de la falta de merecimiento, vamos a intentar salir de este programa de supervivencia. Pues, a diferencia del reino animal, somos seres racionales, tenemos autoconciencia y podemos cambiar todas esas programaciones automáticas de supervivencia.

Y aquí te doy la segunda clave más importante de este capítulo: la única manera de romper con esos patrones programados es elevar tu nivel de conciencia. Pues cuando te haces consciente eres más libre, puedes hacer las cosas de otra manera.

¿Y cómo vamos a hacerlo? Para empezar, te propongo hacer un pequeño experimento. Lo vamos a llamar las capas de cebolla, pues nuestras emociones se encuentran bajo capas y capas de otras emociones más visibles.

Y resulta que la falta de merecimiento es una emoción de muy poca energía. Cuando sentimos que no merecemos algo, en el fondo ni siquiera lo intentamos, y aparece la famosa resignación, conformismo y hasta algo de apatía, ¿verdad?

Te propongo ahora un pequeño viaje imaginario al núcleo de esta cebolla.

En realidad la falta de merecimiento es una desconexión del deseo. Cuando no deseo nada, me siento apático, ¿cierto? También la impotencia está muy relacionada con la falta de merecimiento: sentir que no vas a poder, que no lo vas a lograr, que ni siquiera lo necesitas.

La falta de merecimiento además está muy relacionada con anular ciertas necesidades, con obviarlas. ¿Te ha pasado alguna vez el darte cuenta de que no deseas algo y no saber por qué? Y si empiezas a indagar, ¿te das cuenta de que sí lo deseas pero no te lo permites?

A mí me ha pasado mucho con el tema de tener casa propia. Tenía tal miedo de perder una casa (algo que viví en muchas ocasiones en mi infancia) que me desconecté completamente de ese deseo, llegando a decir que no necesitaba una buena casa para ser feliz. En el fondo lo que me estaba diciendo era: «No merezco tener una casa propia».

Y es que ese nivel de energía de falta de merecimiento es incluso más bajo que el nivel de la energía del miedo (que al menos te permite huir o luchar).

Volvamos ahora al tema en el que sientes falta de merecimiento ahora en tu vida: sea dinero, amor, trabajo, relaciones, capacidad de tener familia, una casa, un coche, hijos...

Piensa en un tema concreto y conecta con la sensación en tu cuerpo. Cierra los ojos y trata de revivir esa emoción, sensación y situación con algunos detalles.

Y ahora ponle una nota del 1 al 10 para descubrir cuál es tu nivel de energía con respecto a este tema.

Normalmente el nivel de energía suele ser bajo, pues hemos eliminado el factor deseo de la ecuación. Pues desear significa llevar la energía hacia algo.

Ahora vamos una capa más abajo de la cebolla. Tal vez ahí dentro conectes con la decepción, la apatía, la frustración o la impotencia de no haber conseguido esto en el pasado o no haberlo siquiera intentado. Conecta con esa sensación por unos segundos; permítete sentirla.

Y ahora vamos aún más dentro: el miedo. Aquí tendrás que responderte con total sinceridad: ¿por qué tengo miedo de esta situación, qué me da miedo? ¿Qué voy a perder, qué nueva situación tendré que enfrentar si este deseo llega a mí?

¿Notas cómo al conectar con el miedo el nivel de energía va aumentando? El miedo es una emoción que sí tiene energía; quédate con esa sensación.

Y ahora iremos aún más hacia dentro. Vas a decirte a ti mismo por dentro: «¡Pero si yo quiero esto, si lo deseo realmente, tengo muchísimas ganas de tenerlo!». Conecta con la ira, la rabia, el enfado de que la vida no te ha dado lo que deseas realmente, de que hay algún alfa cerca de ti que sí lo merece y lo tiene y tú al parecer no.

Si has conectado con el miedo, y sobre todo con el enfado, ¡enhorabuena! Estamos desbloqueando un deseo, estás abriendo el grifo.

Te invito a cerrar los ojos y descubrir si la nota del 1 al 10 en cuanto a tu deseo ha aumentado respecto a la nota inicial.

Si has descubierto que este sí es tu deseo y quieres ir a por él, plantéate ahora 2-3 acciones que te llevarán hacia su cumplimiento. Visualízalo cada día por la mañana durante un par de minutos, conecta con todas tus fuerzas y ve aumentando tu energía. Si hace falta, conecta con la ira o el miedo; es mucho mejor eso que la falta de merecimiento.

Y si te ha costado conectar con esas emociones, no te preocupes, pues seguiremos indagando en ello en los próximos capítulos.

5. El poder transformador de la ira

Enfado, ira, enojo, rabia, cólera, furia, molestia, irritación... ¿Te suena alguno de estos estados? Seguro que me he dejado alguno.

Es una emoción que siempre he ignorado y que mucho me ha llegado a enseñar en mi vida.

«¿Enfadarme yo? ¡Qué va, no soy de esas!».

«¿Y si al decirle no a esa persona que me pide algo importante para ella se enfada conmigo? Uff, quita quita, mejor me sacrifico y hago lo que me pide».

No solo no permitía enfadarme con nadie yo (siempre tratando de entender a los demás), sino que además buscaba desesperadamente formas de no enfadar a otras personas. No fuera a ser que se molestaran o irritaran.

¿Pero qué es lo que está realmente en el fondo del asunto? ¿Qué es lo peor que puede ocurrir si se enfadan contigo?

Y aquí la misma respuesta de siempre: me sentiré mala persona.

La creencia raíz de sentirse mala, incorrecta. ¿Te suena, verdad? Veamos cómo podemos desbloquear esa rabia tan necesaria para personas que evitamos a toda costa el conflicto.

En mi caso particular, la ira es la emoción que más me ha permitido transformarme a lo largo de mi vida. Porque solo conectando con ella me daba cuenta de lo poco que me valoraba, de lo mal que me trataba, de lo injusta que estaba siendo conmigo misma y de lo que no me respetaba.

Y de nuevo volvemos a los patrones. Seguro que en tu vida hay situaciones comunes que se repiten.

El mío, o uno de los míos, era el siguiente: tratar de agradar a los demás.

Un cliente te dice que no puede pagarte por un curso a plazos al que se ha apuntado. Tu respuesta: «Bueno, paga cuando quieras en los plazos que te sean más cómodos». Resultado: se olvida de que tenía esos pagos pendientes y cuando se lo recuerdas se sorprende diciendo que pensaba que ya estaba todo cubierto.

Le ofreces una sesión gratuita a una persona que te escribe pidiendo ayuda y comentando que no tiene recursos. Resultado: se conecta media hora más tarde a la sesión o ni aparece.

Un familiar te pide ayuda pero luego se queja de que no le has ayudado como quería.

¿Qué sientes en estas situaciones? Falta de respeto hacia ti misma, tu tiempo, tu disposición y generosidad.

El mejor enfado posible, el más sanador, el más transformador, el que te permite crecer, es tu enfado contigo mismo.

En situaciones que te he descrito anteriormente hace años me enfadaba con los demás. «Fíjate qué poco respetuosa Ana que se ha conectado media hora más tarde» o «Juan, que ni me ha agradecido ese *email* que tardé horas en escribirle...».

Ahora acepto a Ana y a Juan como son, pues soy consciente de que no conozco su situación real, sus intenciones verdaderas, sus problemas internos (o tal vez sí, con lo cual con más razón debería haber actuado de otra manera).

Ahora el enfado es conmigo misma. ¿Otra vez has caído en la misma trampa, María? ¿Otra vez regalando tu tiempo, tu energía? ¿Otra vez no respetando tus valores, tus condiciones de trabajo? ¿Otra vez haciendo concesiones?

Si yo no me respeto, no escucho mis propios valores, si yo no valoro mi tiempo y mi energía, ¿qué me hace creer que los demás sí lo harán? ¡Si son un mero espejo de lo que está pasando dentro de mí!

Y entonces respiro al oír estas palabras dentro de mí. Respiro profundamente. Y veo a mis maestros delante y les doy las gracias. Si ellos no se hubiesen comportado de esa manera, yo no me habría dado cuenta de que estaba dando de más.

¿Y qué es la ira, el enfado, la rabia? Una llamada de atención hacia los límites de uno mismo.

El enfado me dice: «María, no están respetando tus límites».

Y en lo profundo me viene a decir: «María, tú misma no estás respetando tus límites. María, sé buena contigo: pon límites, di que no. Y respira. Respira profundamente».

Decir no a los demás es decirte sí a ti misma. Decir sí a los demás es decirte no a ti misma. ¿Qué eliges?

Respiro. Respiro una y otra vez. Es tan simple y tan sanador poder respirar, el poder darte espacio y tiempo para entenderte, para tener esa claridad.

Y de nuevo me acuerdo de Ayn Rand y de su libro, *La virtud del egoísmo*. Una vocecita sutil me susurra: «Pero si le dices que no, María, podrá enfadarse...».

—Así es —le respondo en voz baja, también muy sutilmente—. Podrá enfadarse, claro que sí; es un derecho que tiene. Ella también necesitará enfadarse para sanar.

—Pero se enfadará contigo... —insiste sigilosa la voz.

—¿Y?

—Y eso no está bien.

–¿Por? –Voy notando con cierta satisfacción cómo la vocecita se va quedando sin argumentos.

–Porque tú eres buena, María. Y la gente buena no hace enfadar a nadie.

Pausa (un poco teatral, de esas largas…).

En esa pausa larga, en la que se van creando nuevas conexiones neuronales sin que yo sea capaz de verlo, aunque sí de sentirlo, me voy dando cuenta de lo absurdo del diálogo que acabo de tener conmigo misma.

Acabo de descubrir la base de mi miedo al conflicto una vez más. Acabo de encontrar un resquicio más por el que se cuela mi miedo, mi dolor, mi rabia.

Y resuena un poco con eco apagado la estúpida frase de «la gente buena no hace enfadar a nadie».

La frase que tiene en el fondo una serie de creencias y valores sin sentido como obediencia, resignación, buenismo, conformismo, infravaloración, sacrificio por el otro, debilidad…

«¿En serio quiero ser tan buena?». «¿Y si me doy permiso para no serlo?».

Respiro. Respiro profundamente.

Espero que me acompañes ahora en este diálogo interno conmigo misma. Por si te resuena lo que te estoy contando.

«¿Y si me permito ser 'mala' de vez en cuando?».

«¡Pero nadie quiere serlo! –me dirás–. A la gente mala se la castiga en esta sociedad».

¿Sí, seguro?

Veamos un ejemplo. Piensa en gente que tiene éxito y a la que admiras. ¿Son todas ellas la madre Teresa de Calcuta?

Piensa en alguien que te parece un ser maravilloso o virtuoso. Alguien a quien te gustaría parecerte, aunque fuera en parte.

¿De verdad crees que es pura luz? ¿No habrá en él una pequeñísima sombra?

«Sí –me dirás–, pero esa sombra no es visible, no la está mostrando».

Está claro que a nivel público siempre mostraremos nuestro mejor lado. Pero a estas alturas del libro (o más bien de la vida) seguramente sabrás que todos tenemos sombras. Simplemente por el hecho de que tenemos luz.

Vivimos en un universo dual. Positivo y negativo. Bien y mal. Luz y oscuridad.

Y luego podemos discutir sobre lo siguiente: ¿para quién es bien? ¿para quién es mal?

Bien para mí si tengo mucho dinero y vivo cómodamente, dedicando solo mi tiempo a lo que amo. Pero si robo, les hago mal a otros.

Sin embargo, cuando tengo miedo de enfadar a otros defendiendo mis derechos y no lo hago, es decir, no me defiendo nunca, siendo un mártir para los demás, ¿es esto bueno para mí en algún sentido?

La respuesta es un no rotundo; espero que estés de acuerdo conmigo.

Y sí: en el equilibrio está la clave. Saber cuándo decir sí, cuándo ceder o cuándo poner límites y dar un claro no por respuesta.

Pero ya que hemos vivido tantos años de nuestra vida anclados en el sí, en el sacrificio, en la negación de nuestras necesidades, quizás ahora nos podamos permitir un poquito irnos al otro extremo y tomar el no por bandera, hacerlo nuestro, enamorarnos del no.

«Lo siento; estas son mis tarifas, no puedo hacer excepciones».

«Lo siento, no puedo hacer la devolución pasado el plazo; son mis condiciones».

«Lo siento, no puedo ofrecerte la sesión media hora más tarde, pues tengo otros asuntos que atender».

Esto es lo que llamamos asertividad. Siempre realizada con buen tono, de manera amable, por supuesto, pero manteniendo el mismo fondo: mis valores, mis condiciones, mis derechos, mis límites.

¿Que el otro se enfada? Está en todo su derecho. Si puede argumentar respetuosamente decidiré si mantengo la conversación. Si me ataca o me menosprecia con sus palabras puedo decidir poner aún mayores límites, física y verbalmente.

¿Te das cuenta de lo sencillo que es? ¿Cuántas personas son expertas en esto? ¿Y que, especialmente nosotros, por miedo a defraudar, hemos estado décadas de nuestra vida pisoteando nuestros límites, nuestros derechos y nuestros valores? ¿Acaso esto no te enfada?

A mí mucho. Y cuando conecto con este autoenfado puedo cambiar.

Así es cómo logré pintarme la raya del ojo un buen día de verano a los 28 años.

¿Y qué tiene que ver el maquillaje con la rabia? En mi caso, mucho.

Una de las creencias familiares inculcadas que tenía yo era que las chicas buenas no se maquillan.

Con los años esta creencia perdió su peso en el nivel consciente. A mis 28 me daba cuenta de que era una creencia absurda. Pero seguía anclada en mí inconscientemente.

¿Y qué hace nuestro inconsciente cuando intenta mantener una creencia arraigada? Nos juega malas pasadas.

Así, yo era incapaz de pintarme la parte del lagrimal del ojo, pues mi ojo se cerraba automáticamente cuando acercaba el lápiz a la zona que quería pintar. Al mismo tiempo me sentía débil, víctima, incapaz de realizar esta sencilla acción, como si el lápiz fuera un cuchillo que pudiera atravesarme los ojos.

A los 28 estaba ya bastante desesperada por estar en una relación de pareja tóxica donde me sentía infravalorada y utilizada, y con la que por otro lado no conseguía acabar. Un libro que leí en aquel entonces y donde me di cuenta de lo mal que me estaba tratando me ayudó a sentir esa rabia contra mí misma. Y en un momento de mayor enfado, sin saber por qué lo estaba haciendo, me acerqué al espejo de mi cuarto, saqué el lápiz negro con el que nunca conseguía pintarme el ojo y dibujé con mano firme la primera raya en el lagrimal de mi ojo izquierdo. Acto seguido, impresionada por mi valentía, hice lo mismo con el otro ojo.

Ya no había vuelta atrás. Es como cuando aprendes a ir en bici. Ya nunca más vuelves a perder el equilibrio.

Y en el párrafo anterior acabo de regalarte una palabra clave, más bien un valor, que será tu mantra a partir de ahora y que solo se consigue desde esta emoción que tan poco nos gusta, la ira. Ese valor es como su nombre indica, valentía.

Dicen que la valentía es lo contrario del miedo. El típico pensamiento de: «Si no tuviera miedo, sería valiente».

Yo creo que no es exactamente así. Si no tengo miedo, no soy valiente, simplemente soy temerario o hago cosas sin darme cuenta porque sé o puedo hacerlas.

Por ejemplo, no soy valiente por cruzar la calle con el semáforo en rojo. Ni tampoco soy valiente por cruzar la calle con el semáforo en verde. En el primer caso estoy cometiendo una imprudencia (sobre todo si hay un coche acercándose). En el segundo, simplemente no hay peligro y puedo cruzar.

Soy valiente cuando siento miedo y al mismo tiempo me conecto con una energía de acción. Puede ser entusiasmo, puede ser confianza, pero también puede ser ira.

La ira, el enfado bien enfocado me puede llevar a grandes cambios y transformaciones en la vida.

Es una emoción que tiene su finalidad: me está diciendo que han violado mis límites, que no han respetado mis derechos... O también que yo he violado mis límites, que yo no he respetado mis derechos.

Una ira consciente puede constituir una gran toma de consciencia y por su alta energía te lleva a la acción. Te permite darte cuenta de lo absurdo de algunas creencias, como te contaba más arriba, te permite conectar con tus necesidades y valores olvidados, te hace ver que se necesita tomar acción aquí y ahora, no mañana ni después. Y al tomar acción, aprovechando la alta concentración de energía junto con una poderosa toma de conciencia, estás cambiando tu realidad.

Sí, puede que algunos de los patrones típicos aún se vuelvan a repetir en tu vida. Pero serás más consciente de lo que haces. O quizás necesites una dosis de enfado todavía mayor para que el cambio sea definitivo.

Lo que está claro es que si reprimes tu ira, los demás seguirán manejando tu vida y seguirás cometiendo los mismos errores una y otra vez... Hasta que te canses de todo ello.

Para terminar este enérgico capítulo, quiero dejarte una fábula que leí hace poco:

Una mujer que era muy infeliz se dirigió a una anciana de su pueblo, preguntándole lo siguiente:

—Me siento profundamente infeliz, continuamente me están sucediendo cosas negativas, he perdido la razón de vivir y ya no sé qué puedo hacer para recuperar la alegría. ¿Qué debo hacer? ¿Hasta cuándo seguiré viviendo así?

—Hasta que te canses —respondió la sabia mujer—. Hasta que te canses.

6. Cómo desbloquear la emoción de la ira

Ya has visto en el anterior capítulo el poder de la ira, una emoción que bien llevada te permite despertar; es el momento en el que te cansas y dices ¡basta! ¡Hasta aquí!

Pero la realidad es que muchas personas tenemos problemas con esta emoción por considerarla negativa, mala, prohibida, tabú... y no nos atrevemos a contactar con ella de forma abierta, manteniéndola en segundo plano, reteniéndola, reprimiéndola.

De hecho, no podemos forzar el enfado. No es tan fácil. Lo sé por experiencia propia.

Cuando en mi trabajo con la terapeuta, esta me preguntaba: «María, ¿no te enfada el no haber tenido una infancia real? ¿Que tus padres no estuvieran presentes, que no te dieran lo mismo que a tu hermana?».

Yo los justificaba: «Bueno, eran muy jóvenes, no podían cuidarme de manera apropiada, no tenían recursos ni medios para cuidar de dos niñas».

Ella me insistía en que dejara ese parloteo mental y me concentrara en la emoción. Y la única emoción que sentía era de resignación, de aceptación en el sentido de que era lo que había.

Pero al poco de aquella sesión con mi terapeuta sucedió algo que cambió el curso de las cosas.

Para empezar, te contaré el motivo de mi trabajo con ella. En aquel entonces yo tenía 37 años y llevaba unos 4 tratando de quedarme embarazada sin resultado alguno.

En ese período llevaba varios tratamientos de reproducción asistida a mis espaldas, todos fallidos. Mi problema era una baja reserva ovárica para mi edad, mala calidad de los óvulos y además un tema genético.

Con todo aquel arsenal de noticias negativas, de alguna manera me iba resignando a la idea de que no sería madre, o que no lo sería con mis propios genes. No obstante, decidí realizar ese trabajo terapéutico pues mi niña interior lo necesitaba y, llegase o no a ser madre, el beneficio sería muy grande.

Justo en aquellas semanas me tocaba el último tratamiento de fecundación con mis propios óvulos. Si no funcionaba, el siguiente paso sería la ovodonación.

Coincidió todo aquello con un momento bastante positivo de mi vida: mi negocio estaba creciendo, cada día ayudaba a más personas a despertar, me encontraba plena, me sentía muy optimista y había dejado atrás la obsesión con el tema del embarazo.

Es decir, lo seguíamos intentando, pero sin tanta presión. Mi marido y yo íbamos muy contentos a las pruebas médicas del Hospital Jiménez Díaz en Madrid. En la sala de espera, junto a tantas parejas en situación similar a la nuestra, hablábamos de nuestros proyectos profesionales, nos reíamos y hacíamos bromas.

Todo parecía marchar bien, incluso en relación a mis óvulos; al parecer esta vez había bastantes más que en ocasiones anteriores.

Sin embargo, en una de las muchas consultas, la ginecóloga me dio una mala noticia.

—María —me dijo—, igual tendremos que parar el tratamiento; los óvulos no evolucionan.

Me sentí hundida. ¡Otra vez volvía a mi vida la misma canción!

Aun así, la doctora me dijo que volveríamos a ver en unos días cómo evolucionaba el tema, antes de tomar la decisión.

Aquel día había ido sola a la consulta. Volvía andando desde el hospital al *parking* donde tenía el coche, ubicado en Ciudad Universitaria. Era octubre, ya hacía frío por las mañanas.

Octubre siempre lo relacioné con mi abuela Nonna que nació ese mes y era como una madre para mí. Y también con el comienzo del año escolar y, en concreto, con mi vida universitaria.

Aquel lugar me recordaba mis años de estudio, de soledad, de sentirme incomprendida, rara, alejada de todos y de todo, de mi familia... Incluso de la pareja que tuve entonces, que en realidad no era una pareja real, pues nunca estaba cuando lo necesitaba ni podía vivir una relación de verdad con él.

Todos aquellos recuerdos afloraron juntos en mi caminata otoñal por aquella zona, sintiendo la tristeza, la injusticia, el dolor...

Y entonces, en aquel preciso instante, durante aquel paseo de otoño, ocurrió la magia: ¡me sentí enfadada! Muy muy enfadada por toda mi vida, por no haber tenido cerca a mis padres nunca, por no saber lo que es el amor maternal, por haber sido exiliada de todo lo que era importante y básico para la vida, lo que otros recibían gratis. Y ahí entendí por qué había estado buscando parejas que me mostraban su desprecio y me abandonaban. Por qué nunca creí en mí misma. Por qué nunca supe cuál era mi lugar...

Y también por qué no lograba quedarme embarazada.

Estaba muy muy enfadada con la vida, con mis padres, con mi destino. Estaba llorando en aquel momento, pero no eran lágrimas de resignación, sino de rabia; una energía muy potente, muy activa, muy alta.

Llegué a casa y lo primero que hice fue abrir el portátil y mandarle un *email* a mi terapeuta. En él expresaba todo eso que acababa de sentir y comentaba lo enfadada que estaba.

—¡Por fin! —me respondió ella.

En unos días tocaba la revisión y, curiosamente, todos esos óvulos dormidos y pequeñitos se habían activado muchísimo y seguíamos adelante con el tratamiento.

Cuando me realizaron la extracción de óvulos lograron 11 en total. «Un equipo de fútbol entero», me dijo Carlos en modo broma.

Nunca hasta ahora habíamos logrado reunir tantos, 4-5 como mucho, de los cuales habitualmente solo quedaba uno de calidad baja que me transferirían días después.

Pues en esta ocasión, aunque solo nos quedaron 2 de los 11 iniciales, estos eran de calidad máxima y me los transfirieron juntos. Me enteré de todo ello en la mesa de la doctora. Vi a través del monitor cómo 2 estrellitas brillaban dentro de mi útero. Lloré de emoción, mientras descansaba en la camilla después de la transferencia de embriones.

En un momento determinado vi pasar delante de mí al genetista que había preparado y entregado los 2 embriones para que la ginecóloga pudiera transferirlos. Sentí un agradecimiento muy grande. Le agradecí por dentro una y otra vez su trabajo, su labor, el cuidado que había puesto en esos futuros bebés.

Tres semanas después, por primera vez en mi vida, descubría que por fin estaba embarazada. Mi mayor sueño hecho realidad.

Escribo esto y vuelvo a emocionarme como antaño. Mis niñas tienen casi 5 años y ahora mismo están en el colegio. Mis estrellitas se llaman Selene y Ariadne, y es lo que más amo en esta vida. Nunca dejaré de estarle agradecida al Universo por haberme permitido trabajar un ámbito tan profundo y permitirme la emoción de la ira que desbloqueó tantas cosas en mí.

Como ves, tu trabajo pasa por abrazar la emoción de la ira la próxima vez que aparezca. Permitirte sentirla y decirte: tengo derecho a estar enfadado, está bien que sea así. Y observar qué cambios ocurren cuando te dejas sentirla.

7. Sanando el rencor hacia tus padres

Después del emotivo capítulo anterior, quiero ir a la práctica. Puedes decir: «Ok María, tú has tenido tu gran momento *'ahá'*. ¿Pero cómo logro yo aquí y ahora conectar con todo esto?».

Por eso quiero proponerte un ejercicio sencillo, claro, pero muy poderoso. De hecho, puedes empezar a conectar con esta emoción nada más realizar el primero. O puede que te lleve más tiempo. Recuerda: todo está bien. Todo en realidad es un proceso.

Todos hemos recibido en nuestra infancia, adolescencia, juventud o edad adulta ciertas ofensas por parte de nuestros padres.

Te pongo algún ejemplo: reproches, trato injusto entre hermanos (favoreciendo más a unos que a otros), que te obligaran a hacerte cargo de tus hermanos más pequeños, que tuvieras que realizar labores en casa que no te correspondían por tu edad (limpiar, cocinar, fregar), insultos, vejaciones, incluso violencia física, comer lo que no querías o castigarte de forma severa, etc.

El caso es que no puedes cambiar el pasado, está claro. Pero sí puedes y tienes el derecho de considerar aquello como ofensa.

Y sin embargo, la cruda realidad es que vivimos de forma inconsciente, creyendo que no tenemos derecho a ofendernos, pues este es el mensaje que de manera verbal o no verbal nos han transmitido nuestros padres tratando de justificar sus acciones.

En este ejercicio tu objetivo no es simplemente culpar a tus padres, pues no tiene sentido (ellos seguramente no tenían otros recursos mejores en aquella situación, por sus propios traumas, heridas, limitaciones, etc.), ni tampoco necesitas con este ejercicio perdonarlos o pretender que te pidan perdón.

Simplemente necesitas reconocer tu derecho a sentirte o haberte sentido ofendido en el pasado (y también en el presente, pues al no haber sanado ese dolor siendo niño, te sigue persiguiendo en tu vida adulta).

Y es que esas ofensas que nos ocasionaron a sabiendas o sin darse cuenta es algo que muchos padres no van a reconocer, pues incluso si se lo hiciéramos ver encontrarían muchas excusas para justificarlo. «Mi vida era muy difícil, yo también he sido educada así, es que tu comportamiento era muy difícil y no sabía cómo actuar, etc.».

Lo único que necesitas para trascender esas ofensas es darte cuenta de que efectivamente fuiste tratado de manera injusta o fue así como lo percibiste.

¿Por qué es importante hacerlo?

Primero, porque si no lo hacemos, seguiremos manteniendo ese rencor (consciente o inconsciente) hacia nuestros padres (o uno de ellos).

Y, segundo, pero no menos importante: porque si en la infancia o adolescencia hemos llegado a asumir esa actitud ofensiva hacia nosotros como algo «normal» (como te contaba en mi caso particular en el capítulo anterior), seguramente en la vida adulta nos seguiremos tratando de la misma manera.

Por ejemplo: me sigo haciendo cargo de mis hermanos que ya son adultos, sigo terminando mi plato de comida aunque no me apetezca, sigo reprochándome o maltratándome verbalmente, tal como lo hacían conmigo mis padres; siempre seré la que se come el trozo del pastel más pequeño, favoreciendo a mis seres queridos, poniéndome en último lugar.

De ahí el que necesites conectar con la justicia, reconocer que tienes derecho a enfadarte por lo que te hicieron y sentirlo con total claridad en tu interior. Solo así empezarás a cambiar.

Entonces, ¿qué vas a hacer?

Realizar un ejercicio muy sencillo pero potente durante 21 días.

Durante cada día escribirás una carta en nombre de tu padre, madre o ambos, donde estos te estarán diciendo que efectivamente fue injusto el trato que te dieron en aquella u otra situación de tu infancia, adolescencia, juventud, etc.

Muy importante: no son cartas de justificación («lo hacía porque era muy joven, no sabía cómo actuar, estaba en una situación difícil», etc.) ni tampoco de pedirte perdón.

Simplemente son cartas escritas por ti como si te convirtieras en ellos en las que admiten las injusticias que cometieron contigo (y deberán aportar datos concretos de situaciones reales donde se produjo aquello) y reconocen también tu derecho a sentirte ofendido, enfadado o rencoroso por lo que te han hecho. Nada más.

Como son 21 días, algunas veces las cartas serán muy parecidas entre sí, pero seguramente aparezcan nuevos recuerdos. La idea es seguir trabajando en esta dirección durante esos días para que te des cuenta por fin del dolor que viviste y que no es una situación normal, que es totalmente lícito que puedas enfadarte y hasta guardarles rencor.

Cuando pasen los 21 días, podrás revisar tus escritos, mirar qué te llama la atención. Y, sobre todo, observar dónde a día de hoy te tratas tú mismo de esa manera. Y poco a poco empezar a cambiar ciertos comportamientos que repites inconscientemente haciendo de espejo de esa actitud injusta que viviste en el pasado.

Por ejemplo, si no te permites descansar porque cuidas a otros, aunque te cueste, te levantas y te vas a la cama un ratito o dices que necesitas desconectar o pides ayuda a otra persona. Cuesta hacerlo, pero ahora que ya sabes de dónde parte tu actitud y, porque no quieres seguir repitiendo ese patrón tan nocivo para ti, decides cambiarlo aquí y ahora.

Te animo a realizar este ejercicio durante 21 días seguidos. Mientras tanto sigue leyendo el libro. No es necesario parar la lectura durante esos 21 días, salvo que te apetezca hacerlo.

8. La vergüenza
y tu identidad principal

Y aquí llega uno de los capítulos más reveladores, donde hablaremos de una emoción incómoda y sombría como es la vergüenza.

Si te soy sincera, la vergüenza es de las emociones que más me han acompañado toda mi vida, y tenía que ver con mi miedo a exponerme, a ser vista, a ser el centro de atención.

Me avergonzaba hasta de mi propio cuerpo, tan largo, desproporcionado, con brazos demasiado alargados, un torso débil y poco pecho... Y luego esas caderas enormes que no encajaban con la parte de arriba de mi cuerpo.

Empecé a encorvarme en la primera adolescencia. Siempre era la más alta de la clase y odiaba destacar por esa razón. Era incluso más alta que los chicos altos de la clase.

Dice Lise Bourbeau que las heridas de la infancia se quedan reflejadas en el cuerpo. En mi caso, mis 3 heridas predilectas estaban reflejadas ya en la pre-adolescencia en un cuerpo poco proporcionado. La de abandono en esos brazos caídos, sin músculos, casi sin vida... la espalda encorvada y poco fuerte.

La de rechazo en ese pecho pequeño y el torso tan fino... La de humillación en las caderas anchas y mi gran altura.

Aprendí a rechazar mi propio cuerpo, a odiarlo. Con doce años apareció el acné y me acompañó hasta pasados los 30: rechazo de mi propio rostro, de mi identidad. Creencia de «hay algo malo en mí, algo feo, algo que la gente detesta».

Cumplí los 12 años en España, en el centro de refugiados en el que vivíamos aquellos primeros meses de llegar a España. Aquel 19 de febrero de 1992 había nevado en Madrid y me parecía mágico pensar que en un país como España donde la gente no lleva gorros en invierno, de repente en mi día especial todo estuviera blanco.

Vivíamos los 5 (mis padres y mis hermanas, de 10 y 1 año de edad) en una habitación minúscula de un centro de refugiados en Vallecas. Más que habitación aquello parecía un camarote. Dos literas, una frente a otra y una mesilla de noche que separaba ambas camas, siendo el espacio entre las dos el único libre.

La parte buena es que teníamos baño propio, a diferencia de otras muchas habitaciones del centro.

Recuerdo mirarme en el espejo del baño y observar los cambios en mi cuerpo y sentir pena, vergüenza del pecho que empezaba a asomar, que yo trataba de esconder de alguna forma. Después vinieron los granos de acné que ya era incapaz de ocultar y odiaba mi propia cara en el espejo.

Me sentía defectuosa, incorrecta y fea.

De ahí mi gran miedo a hablar en público años después. Pues esa creencia arraigada de «hay algo malo en mi cuerpo» me acompañó desde entonces de manera profunda.

Al hablar en público imaginaba cómo el resto de personas se fijaba en todas las imperfecciones que tenía. Mi manera de estar, moverme, vocalizar... Mis caderas anchas, mis brazos delgados, mi espalda encorvada, mi cara poco agraciada con esa nariz tan larga.

Un hecho curioso que llegué a experimentar durante un tiempo en mi época de teleoperadora era ponerme roja cuando contaba lo que había hecho el día anterior, en los descansos del trabajo, mientras charlaba con algunos compañeros de trabajo.

Empezaba contando algo trivial, las 2 o 3 personas que estaban conmigo en la mesa me miraban, prestándome atención, y de repente notaba cómo un calor intenso y agobiante me subía por la cara... Sabía que acababa de ponerme brúscamente roja y que mis compañeros se estarían preguntando: ¿pero qué le pasa a María?, ¿estará mintiendo y se ha puesto roja por eso?, ¿le da vergüenza lo que está contando?

Al pensar todo aquello me sentía aún más avergonzada y eso acentuaba el rojo de mi cara... Francamente lo estaba pasando muy mal. Menos mal que eran compañeros muy respetuosos y nunca me llegaron a decir nada al respecto.

Con lo que te he contado puedes ver hasta qué punto la vergüenza no me dejaba ser yo misma, no me permitía expresarme, y el resultado de esa emoción era que en las conversaciones con compañeros o amigos prefería quedarme callada antes que hablar, por miedo a ser el centro de atención y ponerme roja.

Y esto último es muy importante. Pues la función biológica de la vergüenza es esta: paralizarnos ante algo que es nocivo para nosotros, cuando estamos en un contexto social.

Y es que la emoción de la vergüenza es un regulador de nuestra adaptación social. Es la manera en que uno decide que lo que está haciendo es aceptable o no para el resto.

En realidad, la vergüenza es una emoción necesaria y es importante que exista a escala social para que no haya criminales o asesinos. Pues para la vida, la Naturaleza o el Universo sigue siendo más importante la supervivencia de la especie que la supervivencia individual.

Suena un poco cruel, pero piénsalo: se trata de un mecanismo que la Naturaleza nos ha dado para ajustarnos al promedio de los demás seres humanos. Por eso, aquellas personas que sentimos que no encajamos percibimos rechazo.

Otro lado luminoso de la emoción de la vergüenza es permitirnos ser sensibles con los demás, como nuestros amigos o seres queridos; de ahí que no siempre le diremos a la gente a la cara todo lo que pensamos de ellos, pues podríamos ser rechazados o provocarles mucho dolor.

¿Entonces qué ocurre cuando se activa esta emoción reguladora de nuestras relaciones sociales?

Pongamos un ejemplo real: cuando siento vergüenza hablando en público desde un escenario es porque creo que no correspondo con un contexto que es muy importante para mí.

Es decir, mi trabajo me resulta importante (contexto de importancia), pero al estar dirigiéndome a la gente en la sala, siento y creo (a raíz de mis miedos, heridas de la infancia, creencias limitantes, etc.) que no encajo. Que debería ser de otra manera: quizás más segura de mí misma, más confiada, más guapa, más divertida, más espontánea, etc.

Y ahí se produce un conflicto interno: el como soy yo (mi identidad) no encaja con el entorno.

Un cuento maravilloso que ilustra la emoción de la vergüenza es *El patito feo*. El patito era en realidad un cisne, pero como no lo sabía, creía que era más feo que otros y no encajaba en su grupo. Pero además el patito era perseguido, rechazado de forma directa y hasta atacado físicamente por ser diferente.

Creemos que como seres humanos estamos muy lejos de esta conducta animal, pero en el fondo nuestro miedo más profundo es ese rechazo y ataque de un grupo de personas que para nosotros es de vital importancia.

Pero también este cuento nos trae un mensaje positivo y esperanzador: al igual que el patito feo, puede que no encajes en un entorno determinado, pero sí puedes encajar en un grupo de personas que vibran de modo similar a ti. No es que tú seas inadecuado; es que quizás ese entorno en el que tanto tratas de encajar no es el que te corresponde.

EJERCICIO SOBRE IDENTIDAD

Así que ahora quiero proponerte un ejercicio sencillo sobre tu identidad.

El primer paso es responder a una pregunta sencilla pero profunda: ¿Quién soy?

¿Cuáles son mis 3 identidades más importantes? ¿Qué soy yo?

Por ejemplo: soy *coach*, soy madre, soy mujer, soy buena amiga, soy inteligente, soy buena persona, soy ayudadora...

Rápidamente escoge 3 identidades tuyas, sin pensar demasiado. Y coloca en primer lugar la identidad que más valoras de ti, la más importante en estos momentos.

Y ahora una noticia reveladora: seguramente, en torno a esa identidad que más importante sea para ti, tengas condensada la mayor parte de la vergüenza.

¿Por qué? Porque tu identidad es tu ego, la parte externa que más valoras, en la que tienes seguramente más expectativas, la que más te preocupa mantener intacta (no a ti, a tu ego), y si algo falla o no es adecuado en ella, entonces sentirás que no encajas y te invadirá el sentimiento de vergüenza, especialmente cuando otros, los que tienen que ver con esa identidad (otras madres u otras mujeres u otras *coaches*), lo descubran.

Y es el que el sentido final de la emoción de la vergüenza es que bajo ningún concepto vulneres las reglas que rigen el comportamiento de esa identidad.

Para entenderlo de manera gráfica, dibuja ahora en una hoja de papel un cuadrado; da igual si es pequeño o grande. Dibújalo si puedes (y si no, hazlo en tu cabeza).

Dentro de este cuadrado está tu identidad principal, la primera que has elegido. Y los bordes de este cuadrado son esas reglas que vigilan que no te salgas fuera, que no vayas más allá de esta identidad. Por eso, muchas personas no solo tienen miedo a no alcanzar algo y fracasar, sino también tienen miedo al éxito, pues puede significar ir más allá de las expectativas de uno.

Es decir, yo soy lo que está dentro de este cuadrado; si bajo más allá de sus límites, mal; si subo, mal también, pues dejo de ser lo que creo que soy, mi identidad, mi ego.

Por ejemplo, si mi identidad esencial es que soy una persona inteligente, en cuanto me encuentro en una situación donde otros o yo misma esté cuestionando mi inteligencia empezaré a sentir mucha incomodidad y hasta vergüenza. ¿No estaré yendo hacia abajo, no estaré perdiendo mi identidad?

Cuando tengas clara la identidad más importante para ti, el paso siguiente será escribir qué reglas o criterios hacen que esa identidad sea adecuada para ti. Por ejemplo: una persona inteligente hace esto y no hace esto otro, se comporta así y no asá. Una buena madre, una buena profesional, lo que tú hayas elegido.

Imagina que has escogido tu faceta profesional. Si me pongo de ejemplo: una buena *coach* tiene un número de clientes cada mes, cobra una cantidad cada año, realiza este tipo de conferencias, tiene tantos seguidores en tal red social, recibe no sé cuantos me gustas como mínimo por cada publicación que realiza.

Y si se produce alguna alteración de estas reglas, tu mente te estará mandando el mensaje de: «No has cumplido estos criterios; estás fracasando como profesional». Y esto nos suele producir muchísima vergüenza.

Si te cuento esto no es porque esté libre de esta emoción ni mucho menos. Sé perfectamente que los meses en que no genero ingresos suficientes o no llego a los objetivos que yo misma me había marcado puedo caer en esa sensación de no valía, rechazo, sentirme sola y abandonada.

Y si lo comparto con mi público, ¿qué llegaré a sentir? Seguramente vergüenza.

Pero la parte buena es que podemos darle la vuelta a este tema y, en lugar de verlo como vergüenza, empezar a verlo como vulnerabilidad. Como aquella conferencia que ofrecí en mis inicios como *coach* y a la que no asistió absolutamente nadie.

Claro está que aquello sucedió muy al principio de mi carrera, por lo que mis reglas en el ámbito profesional eran otras. No me exigía mucho, pues estaba comenzando y podía aceptar que hubiera solo 3 o 4 personas en una conferencia mía en aquel entonces.

Sin embargo, hace poco realicé un *webinar* que había promocionado durante muchos días con mi lista de contactos y de las 500 personas apuntadas solo acudieron en directo unas 25 personas.

Me esperaba un mínimo de 50, el 10 % de los apuntados. Y lo cierto es que no lo pasé muy bien. Afortunadamente, tengo ya experiencia de haberme enfrentado al fracaso y, en lugar de sentirme mal sin más, en estos casos ahora me cuestiono a mí misma y me pregunto: ¿qué podía haber hecho para que la gente sintiera más interés en acudir al *webinar*?, ¿qué puedo hacer diferente la próxima vez?, ¿qué puedo aprender de esto que ha pasado?

Otro ejemplo que quiero compartir contigo y del que ya he hablado mucho en este libro es la famosa identidad de buena persona. Imagínate que es la identidad que más veneras de ti.

¿Qué ocurrirá cuando alguien ataque esa creencia arraigada que tienes de ti misma, diciéndote: «No, tú no eres esa buena persona que creía que eras»?

Probablemente sentirás mucho dolor, mucha incomodidad y mucha vergüenza. Incluso si no es verdad.

Fíjate que vivimos en un mundo cambiante, inestable; las reglas de nuestra vida cambian todos los días... Y sin embargo —¡contradicciones del cerebro!—, este no quiere que te adaptes a la realidad sino que ahorres energía. Y ahorrar energía es seguir siendo el mismo de siempre. O sea, no cambiar. Por eso nos cuesta tanto salir de la famosa zona de confort, pues se trata de una actividad que requiere mucha energía.

9. El nacimiento de tu nueva identidad

Según te comentaba en el capítulo anterior, la vergüenza es una emoción necesaria y que tiene una función social positiva. Pero también puede impedirnos crecer, cambiar y dar luz a una nueva identidad.

Existen básicamente 2 tipos de vergüenza: la adaptativa o positiva, es decir, funcional, cuando podemos herir a alguien con nuestra conducta. Y también la tóxica, desadaptativa o disfuncional: por ejemplo, teniendo miedo a hablar en público o sintiendo que no somos acordes con nuestra identidad esencial.

La vergüenza desadaptativa nos está impidiendo dar a luz una nueva identidad: una nueva forma de entender quién soy yo realmente, y quién quiero llegar a ser.

¿Recuerdas nuestro cuadrado imaginario? La vergüenza no te permite salirte de sus límites. Pretende que sigas siendo la misma persona de siempre y que protejas con uñas y dientes tu identidad actual.

Esa era yo cuando decidí que quería ser *coach*, por lo que tendría que hablar en público. Mi cuadrado de identidad, protegido por la emoción de vergüenza, me estaba diciendo: «María, tú eres una chica poco agraciada físicamente, no tienes dotes de comunicación, tienes una voz fea, bajita, te cuesta hacerte oír; además, cuando te mira la gente te pones roja, te paralizas, te sientes nerviosa, te sudan las manos; no hagas locuras, quédate donde estás».

Es decir, mi ego usaba todos los argumentos posibles para que no cambiara, para que no creciera, para que no me expandiera más allá de lo que yo ya era (o más bien, creía que era).

Ahora vayamos a ti. Imagina que hace tiempo que quieres emprender o dejar un trabajo que no te gusta o separarte de esa persona que te hace daño o con la que ya no tienes nada en común. En cuanto la vida te trae una mínima posibilidad de que des pasos hacia estas opciones, tu ego revisa tu identidad actual (la que está encerrada en el famoso cuadrado) y te dice, a través de creencias limitantes:

«A ver, no tengo esto, no tengo esto otro...». «No puedo emprender, soy una persona tímida». «No puedo dejar mi trabajo, no encontraré nada mejor». «Es imposible salir de esta relación, porque me falta esto, lo otro y aquello...».

¡No me creas! Haz tú mismo la prueba. Escribe ahora mismo todas aquellas creencias que tu ego considera verdaderas y te impiden realizar ese cambio de vida que te gustaría tener.

Y luego observa esa lista de 2-3-10-50 creencias que mantienen tu identidad en el mismo lugar, con reglas muy rígidas, que si intentas romper, hará que te visite enseguida nuestra amiga la vergüenza.

Y aquí quiero proponerte lo siguiente, y, si es posible, verbalízalo en voz alta o escríbelo en un cuaderno. Cada vez que la vergüenza asome, pronuncia las siguientes palabras: «Qué curioso, ¿será que si siento vergüenza en este ámbito (escribe ese ámbito) de mi vida es que en realidad quiero crecer, desarrollarme en ese ámbito y generar una nueva identidad?».

Incluso, yendo más allá, haz el siguiente ejercicio. Escribe tus 5 identidades principales (soy madre, soy buena persona, soy profesional en tal ámbito, etc.) y pregúntate: «En todas esas identidades y ámbitos, ¿dónde siento vergüenza con más frecuencia?, ¿qué nueva identidad está tratando de nacer?».

DESCUBRIENDO TU VERGÜENZA. UN VIAJE AL PASADO

Vamos a viajar un poquito a tu pasado y descubrir qué te ha estado paralizando en momentos clave de tu vida. No iremos muy lejos, sino al año pasado. De momento, observa los siguientes puntos y trata de responder a los que puedas:

1. Qué planes y deseos no has realizado y has paralizado. (Es muy posible que la creencia de base que ni siquiera eras capaz de ver fuera esta: «Me siento poco adecuada para este área»).

2. Intenta recordar qué contactos y relaciones con determinadas personas evitas de alguna manera (porque contactando con esas personas vivo mi vergüenza, parece que no llego a su nivel...).

3. Y si usas Instagram u otras redes como Facebook, cuando miras tu muro o la página de inicio, ¿a veces criticas o valoras negativamente a ciertos expertos o te ríes de personas poco profesionales, al ver sus imperfecciones? Esa sensación de, ¿pero este quién es, qué se cree, a dónde va?

Y es que la vergüenza, como habrás podido comprobar en el ejercicio anterior, se comporta a menudo como tu sombra. Esa parte oculta, reprimida, que no vemos en nosotros, sino que proyectamos en los demás.

Como en el cuento del *Patito feo* al que estaban tratando de excluir del clan (por tener plumas, pico y otras características distintas al resto); así es cómo funciona ahora tu red neuronal, que conoce muy bien ese sentimiento de vergüenza. Y esa red neuronal actúa como ese clan que expulsa lo desconocido y diferente, la que te paraliza ante un sueño o te aísla ante un contacto.

Y es que para poder reconocer que siento vergüenza debo ser muy valiente. Para encontrarme con mi vergüenza necesito realizar un trabajo interno potente, conectando con la experiencia de sostener la vergüenza. Por eso a menudo nos encontramos con el espejo de la vergüenza: soberbia, orgullo, desprecio, rechazo, crítica, en lugar de contactar directamente con esa emoción de base.

Como es la sombra de mi vergüenza, que en realidad no quiero sentir, sin darme cuenta la proyecto en los demás. De hecho, las personas narcisistas o perfeccionistas suelen tener oculta la emoción de la vergüenza en su interior. Pues si no soy única y especial, o no soy maravillosa y perfecta, entonces me voy al polo opuesto, conectando con la polaridad de «no soy nadie, soy mediocre, no valgo para nada».

Y aquí viene otro de los grandes secretos de la vergüenza: la vergüenza es una emoción polar de blanco o negro, de todo o nada.

EJERCICIO FINAL: EL NACIMIENTO DE TU NUEVA IDENTIDAD

Seguramente a estas alturas te preguntes cómo puedes crecer y dar a luz esa nueva identidad que te está bloqueando la emoción de la vergüenza.

Puesto que la vergüenza debe mantener las reglas de tu identidad anterior, su objetivo es que no cambies el resto de tu vida.

En cuanto te encuentras con la vergüenza, aparece una alarma que te avisa de que una nueva parte de ti, una nueva identidad, quiere nacer.

Así que haz lo siguiente: busca en tu vida un lugar en el que más a menudo te encuentras con la vergüenza. Puede ser con respecto a tu pareja, hablar en público, querer emprender o reinventarte, o cualquier otro tema de los que salieron en el punto 1 del ejercicio anterior llamado «Un viaje al pasado» (esas actividades que no llegaste a realizar el año pasado).

Intenta conectar con la vergüenza de manera clásica (rubor, sensación de que todos te están mirando), o a través de algo más profundo: «¿Quién soy yo para hacer esto?». O incluso cuando imaginas o ves a esas personas que te miran con desprecio y dicen: «¿Pero quién se ha creído esta?, ¿a dónde cree que va?».

Ahora permite que todas estas voces internas se callen... y pregúntate: «Qué curioso... ¿es posible que una nueva identidad mía esté a punto de nacer?».

La identidad es un conjunto de creencias profundas acerca de quién soy. Por ejemplo: una buena profesional no usa tacos. Una buena profesional no interrumpe. Una buena profesional debe ser perfecta y saberlo todo.

¿No será que una nueva identidad mía está tratando de nacer, generarse, materializarse? Pero aún es frágil, tímida, no tiene mucha fuerza... Y al percibirla mi cerebro me inyecta hormonas de la vergüenza para que ni me acerque a esta nueva identidad.

Puedes decirte a ti misma: «Al menos tengo derecho de observar esa nueva posibilidad. ¿Qué nueva creencia sobre mí, que rompe con las creencias anteriores, sustenta esa nueva identidad?».

Encuentra palabras y creencias para sostener la nueva identidad.

La vergüenza buscará paralizarte para que ni siquiera reconozcas esa parte en ti. Recuerda: la función de la vergüenza es que no cambies.

Puedes preguntarte ahora: «¿Tengo derecho a corresponder a mis sueños o debo seguir correspondiendo a las creencias de mi antigua identidad?».

Ahora cierra los ojos, e imagina delante de ti a dos grupos de personas: en un grupo están las personas que están relacionadas con tu vieja identidad y, a la derecha, el grupo de la nueva identidad. No hagas nada y simplemente observa esos dos grupos.

Y esa nueva y pequeña identidad, paralizada por ti tantas veces, frágil, insegura... está en medio. Observa los dos grupos: los que han logrado cambiar y los que no se han atrevido.

Y mientras lo haces, puedes pronunciar lo siguiente:

«Tengo derecho a cambiar. Reconozco que una parte de la vergüenza sana trata de protegerme para que no cambie tanto que esto atente contra mi integridad.

Pero también reconozco que soy la fuente de la decisión final de mi vida.

Gracias, cerebro, por protegerme, pero ahora ya lo estoy viendo con claridad. Ahora elijo el grupo en el que quiero estar.

Sí, reconozco que vulnero mi vieja identidad, pero hago este cambio de manera consciente».

Porque gracias a la vergüenza estás viendo que efectivamente estás vulnerando la vieja identidad, pero lo haces de manera consciente; es la única forma de que puedas crecer.

Ahora le estás otorgando el derecho a que la nueva identidad pueda nacer e iniciar su camino. Como si fuera un niño que está aprendiendo a andar. Aún no tiene la fuerza suficiente de dar los pasos de manera firme y vivir según las normas de la nueva identidad.

Y observa cómo empiezas a andar como un niño hacia el grupo de los que han materializado esa nueva identidad.

Y es que en este mundo hay espacio para todos: para unas identidades y para otras. Tienes todo el derecho del mundo a elegir qué identidades permites que afloren. Quédate en este grupo nuevo, siéntete parte de él, permítete saborear ese espacio. Quizás este grupo nuevo te dirija palabras de apoyo. Y puede que incluso pierdas algo tuyo de esa antigua identidad, pues siempre hay un precio a pagar cuando cambiamos. Quizás los otros no te reconocen o no te aman.

Permítete sentirte un poquito parte de este nuevo grupo y que afloren las emociones que tienen que aflorar. Puedes realizar esta visualización siempre que notes que la vergüenza aparece en tu vida y quiere bloquear esa nueva identidad.

PARTE IV

EL DESPERTAR: ACTIVANDO TU CAMBIO

1. ¡Bendita crisis!

Es posible que mientras leas este libro estés pasando, o hayas pasado, por una crisis, incluso en etapas anteriores de tu vida. Quizá lo estés viviendo como esa sensación de desgana, apatía, falta de ánimo, de ilusión...

Y no, no es cómodo ni agradable sentir todo esto. Pero ya sabes que las crisis son necesarias; es lo que nos permite crecer. Si tu nueva identidad está a punto de florecer, de forma inminente se produce la ruptura, en la cual todo pierde sentido al principio, todos los esquemas y creencias conocidas se rompen. Y te preguntas: «¿Quién soy, para qué estoy aquí, qué sentido tiene mi vida?».

Si es tu caso, déjame felicitarte. Pues no todas las personas se permiten cuestionarse y quieren entender lo que este cambio de vida les trae. Cambiar asusta a nuestro cerebro primitivo. Y tu vieja identidad se agarra a lo conocido, tratando de salvarse con uñas y dientes.

Si te soy totalmente franca, ahora mismo, mientras escribo estas líneas, me siento un poco así. En realidad comenzó poco antes de mi 42 cumpleaños, concretamente el día de San Valentín. Ese día me puse mala y pasé mi cumpleaños, que fue esa misma semana, con cansancio total, desgana y mucho malestar.

Como optimista que soy imaginé que en unos días estaría bien. Y entonces llegó la guerra entre Rusia y Ucrania. Y mi ánimo cayó por los suelos. Me acordé de cómo viví una guerra en mis propias carnes siendo niña y llegué como refugiada política a España con mi familia por la misma causa.

Ese estado de bajo ánimo se unió a mi malestar físico, que se prolongó mucho más de lo esperado y, aunque había días mejores, al poco rato volvía a caer en la desazón y la desgana.

Me estaba costando trabajar en mi despacho de casa y tenía que salir a un café para trabajar o escribir. Como si tuviera que obligarme a hacer las cosas de siempre, cuando realmente lo que sentía, y sigo sintiendo, es esa sensación de pérdida, de desgana.

Y como el Universo es sabio, hace poco le ofrecí una sesión a una de las alumnas de mi curso *SelfCoaching* que estaba pasando por lo mismo: desgana, desánimo, tristeza, sensación de pérdida.

La conclusión a la que llegamos en esa sesión es que ella estaba atravesando una crisis y necesitaba cambiar de trabajo pero no se lo podía plantear por motivos económicos. Apareció también la emoción de la culpa: «¿Cómo puedo sentirme mal si lo tengo todo, familia, un trabajo bien pagado y todas las comodidades del mundo moderno?».

Además, ella estaba trabajando con las heridas de la infancia y creía que esta sensación de apatía le había llegado a raíz de una de sus heridas principales que removió en ella el dolor.

¿Qué puedes hacer si te sientes así, perdida, insegura, triste o apática? La respuesta es simple: permitirte vivir esa experiencia, atravesarla.

A menudo tratamos de no sentir ciertas emociones incómodas o desagradables, queriendo huir de ellas. Pero es contraproducente. Para salir a flote necesitas atravesar este camino rugoso y lleno de oscuridad.

Y lo mismo que me estoy planteando yo ahora, te propongo que te plantees las siguientes preguntas:

- ¿Quién soy en realidad?
- ¿Qué me está indicando esta situación?
- ¿Qué siento que me falta?
- ¿Qué necesito para estar mejor?

Sé que son preguntas grandes, pero si te permites meditar un poco sobre ellas puedes llegar a respuestas muy interesantes.

Yo, por mi parte, quiero proponerte mis respuestas, por si te ayudan.

¿Quién soy en realidad?

Sé que no soy solo este cuerpo que me duele un poco. Sé que soy algo mucho más grande. Soy una luz, un alma, un espíritu, una parte infinita del Universo, del Todo, de Dios, de Diosa. Soy una diosa, igual que tú y el resto de personas y seres de este inmenso e infinito Universo. De hecho, somos infinitud, eternidad y esencia.

Cuando llegas a esa profundidad, incluso si aún no te lo crees del todo o no llegas a sentirlo pero te das la oportunidad de que eso pudiera tener sentido, entonces hay una parte de ti que se tranquiliza un poco y llega a la conclusión de que en el fondo todo está bien aquí y ahora.

Pruébalo ahora. Cierra los ojos y conecta con esa creencia de que ya lo eres todo. Y que incluso eres todas las personas que te rodean, las que conoces y las que no. Puedes usar el mantra de SOY DIOSA, SOY TODO, SOY INFINITA.

Repítelo las veces que quieras, no te detengas, hasta que sientas algo de verdad en estas palabras. Respira y siente tu cuerpo o tu esencia, o lo que llegues a sentir.

¿Qué me está indicando esta situación?

Según la inteligencia emocional, todas las emociones son necesarias y positivas. Las hay agradables y desagradables, y estas últimas simplemente son de acción: nos indican que debe producirse algún cambio.

El miedo nos dice que debemos protegernos. La ira nos informa de que debemos defendernos pues nuestras normas han sido vulneradas. La tristeza nos indica que algo se ha terminado o está próximo a terminarse y que debemos atravesar un período de duelo para despedirnos de ello.

Si ahora mismo estás atravesando esa tristeza, pregúntate: «¿De qué o de quién me estoy despidiendo?».

Si es de tu vieja identidad, en el capítulo anterior habrás visto lo importante y positivo que es poder cambiar y ser de una nueva manera.

La tristeza es una emoción que a menudo nos indica que debemos parar, reflexionar, reajustar nuestro sistema interno: las reglas, los valores, las prioridades...

Volveremos sobre la parte de valores en los próximos capítulos. Ahora mismo, simplemente revisa qué ha cambiado o está cambiando en tus prioridades: qué quieres o no quieres hacer a partir de ahora.

En mi caso, ese estado apático me permite también marcar de manera más clara mis propias reglas de juego, donde yo soy la protagonista. Incluso a nivel familiar: establecer cómo quiero llevarme con mi familia, qué quiero y qué no quiero seguir haciendo y de qué manera.

También me pide que me permita no seguir avanzando tan rápido con todos los planes que hay en mi mente, sino volver a mirar hacia dentro y darme el permiso de no saber qué hacer ahora. Permitirme vivir en la incertidumbre, tan importante en los momentos de cambio.

¿Qué siento que me falta?

Me falta calma en mi vida, me falta silencio, me falta tener momentos a solas conmigo misma para reflexionar o simplemente sentir. Me gusta mucho mi trabajo, pero también necesito desconectar de todo y de todos, aunque sea un poco, como en este preciso instante en el que estoy escribiendo estas líneas.

¿Qué necesito ahora para estar mejor?

En realidad, escribir y no hacer mucho más. Y eso también está bien.

Como ves, toda crisis es necesaria, así como la emoción de la apatía o la tristeza. Puedes vivir ese período escuchando música, dando paseos por la naturaleza, escribiendo aquello que sientas, o incluso escribirle cartas a tu niño interior.

Permítete todo esto y sumérgete en el proceso. Permítete no saber y sentirte raro. Solo dándote este permiso podrás salir de esta etapa tan incómoda para seguir creciendo.

2. La incertidumbre como maestra de vida

No sé si te pasa a ti, pero durante muchos años yo misma viví a menudo la sensación de inseguridad en mi vida. Y, para serte sincera, ¡la detestaba!

Como mis heridas principales son las de rechazo y abandono, la falta de sustento en mi vida ha estado muy presente a lo largo de muchos años.

Así, buscaba certezas. Elegía lo primero que la vida me pudiera dar. «Más vale pájaro en mano que ciento volando» era mi mantra inconsciente.

En 2003, cuando terminé mi carrera universitaria pasé por bastantes entrevistas de empleo. Todas fallidas, pues la inseguridad que sentía, mi baja autoestima, mi sensación de poca valía hacían su trabajo: no querían contratar a una chica tan indecisa que no sabía realmente lo que quería.

Pero de repente, tras varios intentos, me llegaron a contratar. Era una empresa de publicidad exterior, aunque el puesto era de recepcionista. Me pagarían 750 euros, lo cual me parecía en aquel entonces un verdadero lujo, pues nunca había ganado un sueldo hasta entonces.

El trabajo no estaba lejos de mi casa, por lo que podía ir a comer con mi familia, ya que tenía la famosa jornada partida, con descanso entre las 2 y las 4. El tiempo justo para coger el autobús hacia mi casa, preparar la comida para toda la familia, comer y volver a la oficina, donde me quedaría hasta las 7 de la tarde de lunes a viernes.

Abajo, en la entrada, en mi estrecha mesa de recepción junto al taller de lonas publicitarias, envuelta en el intenso olor a pintura pasaba frío, pues era una nave industrial... Y me sentía la persona más desaprovechada del mundo.

A los 4 meses me dijeron que no me renovarían el contrato, cosa que me hizo sentir emociones encontradas: sabía que merecía algo mejor pero estaba perdiendo mi seguridad económica.

A los pocos meses volvieron a aceptarme en otro trabajo, un *call center*, también no lejos de mi casa, y cobraría algo más: unos 900 euros mensuales (eso sí, algunos turnos los haría por la noche). En este segundo trabajo, aunque pasé por varios departamentos, aguanté 7 largos años... hasta que me marché al extranjero con mi entonces novio y hoy marido, Carlos.

Más de lo mismo sucedería en el ámbito amoroso: aceptaría a la primera persona que me dijera que quería salir conmigo, pues tenía mucho miedo de quedarme sola. Buscaba certezas, incluso si estas no me hacían feliz.

Y, por desgracia, le ocurre a muchas personas. Es posible que incluso a ti. Aceptar algo que no te hace feliz, que sabes que no te conviene, pero tienes tanto miedo que prefieres eso antes que vivir en la incertidumbre.

Y sin embargo, lo único estable y seguro que hay en esta vida es la muerte. La vida es cambio, es pura incertidumbre.

Nos pasa continuamente, y lo veo tanto en mí como en mis alumnos, lectores, clientes de *coaching* y *mentoring*. Por ejemplo, queremos emprender sabiendo con total seguridad que lo que hagamos es lo correcto, que nos dará resultados sí o sí.

El cambio está a la orden del día, y más en la era que nos ha tocado vivir. Si no aceptamos que el mundo es más incierto que nunca (trabajos que desaparecen, profesiones que surgen, robótica, tecnología de alto nivel, pandemias, crisis económicas, inflación, etc.), nos va a ser difícil operar en este panorama que estamos viviendo.

La seguridad y la confianza para mí no son similares, más bien son antagónicas. Pues una excluye a la otra. En la confianza no hay seguridad absoluta, sino todo lo contrario: hay un margen importante de incertidumbre.

Como te contaba en capítulos iniciales de este libro, muchas personas confunden los conceptos de confianza y seguridad, creyendo que la confianza es tener seguridad de que van a conseguir aquello que se proponen.

Yo misma era de esas personas antes. Por eso me repetía tan a menudo eso de que era una persona insegura y necesitaba ganar seguridad. En realidad estaba buscando algo imposible de conseguir. Ahora lo sé: lo que en el fondo estaba buscando era confianza.

Y como te contaba al principio de este libro, las dos energías tienen que ver con los polos opuestos: el miedo y el amor. Y es que eres tú quien elige desde dónde quieres vivir tu vida: confiando o controlando, con fe o con temor, de manera positiva y proactiva, o negativa y reactiva. Y siempre podemos elegir desde cuál de estos dos polos podemos vivir nuestra vida.

Mi propuesta para ti en este capítulo es sencilla: permítete vivir un día, un solo día, desde el amor y la confianza, soltando el control y la seguridad. Cada vez que notes que estás tratando de controlar algo, de saber qué pasará, de apegarte al resultado... respira 3 veces profundamente, relaja el cuerpo, estírate un poquito y repite esta frase: «Confío en la vida, la vida me sostiene, todo saldrá bien».

Suena muy simple, ¿verdad? Y no lleva más de un minuto de tu tiempo. Pues es con tu foco de atención, con esos pequeños gestos, cómo irás creando una nueva identidad que no lucha pero tampoco se rinde, que es fuerte pero también vulnerable, que sabe lo que quiere pero es flexible ante el cambio.

La incertidumbre, desde el camino de la confianza, se convierte así en tu maestra de vida. Te va mostrando tus miedos pero también tu poder interior, tu luz y tu fuerza.

Para terminar este capítulo, quiero ilustrarlo con una pequeña anécdota de mi vida. Hace mucho tiempo conocí a un chico por Internet y, tras meses de conversaciones, decidimos quedar para conocernos.

Recuerdo que estábamos sentados en uno de los bancos de Plaza España en Madrid, una zona de la ciudad que me gustaba especialmente. Estaba ya oscureciendo y los dos manteníamos conversaciones de todo tipo.

Cuando él me pidió que le contara algo de mí, recuerdo haberme sentido muy incómoda. Le dije que no me gustaba hablar de mí, que era una persona insegura, que ni siquiera sabía qué quería de la vida.

Y él me puso un ejemplo muy curioso. Me dijo:

—Mira este edificio tan alto a tu derecha; parece robusto, ¿verdad?

Le respondí que sí.

—¿Pero sabes que si hay un terremoto este edificio será el primero en caer?

Asentí con la cabeza.

—¿Y sabes cómo se construyen los edificios en Japón? Sus estructuras son mucho más flexibles para resistir terremotos. Te cuento esto porque las personas más flexibles y menos «seguras» son precisamente las que resisten mejor las adversidades de la vida.

Me gustó aquella metáfora. Por fin había algo positivo en mi «inseguridad». Además de que era muy cierto. Provengo de una vida muy inestable en todos los sentidos: familiar, económico, geopolítico, continuas mudanzas, sensación de no pertenecer a ningún lugar ni grupo. Y todo esto me ha hecho ser más resiliente, capaz de adaptarme a las dificultades y cambios en la vida.

Así que mi mensaje para ti es este: si con tu inseguridad has logrado sobrevivir hasta ahora es que eres una persona luchadora, es que podrás con lo que la vida te ponga por delante, pues te adaptarás antes que el resto. Piensa en la parte positiva de ser como eres y empieza a desarrollar la energía de la confianza, aceptando la incertidumbre como parte de tu camino de evolución.

3. La magia de equivocarte

Parece que toda esta última parte va enfocada a lo que menos nos gusta, ¿verdad? Crisis, incertidumbre... Y ahora el error, el fallo, el (supuesto) fracaso. Pero todo está pensado así por una razón. Cuando trates de cambiar de vida y ponerte en acción, verás cómo esos miedos internos, esas voces críticas, quejicas y autoritarias empiezan a acosarte.

Te dirán que sí, tal vez una tal María Mikhailova lo ha logrado, pero es una entre un millón. Que tú no eres así. Que tú siempre cometes errores. Que los demás te darán la espalda y no te ofrecerán la aprobación que tanto necesitas.

Y que si fracasas... entonces... (aquí puedes completar tú mismo la frase).

Hay una frase que repetía mucho mi padre cuando era pequeña: «Solo no se equivoca el que no hace nada». Y tenía toda la razón: si no hago nada, no me voy a equivocar, ¿cierto?

En este capítulo quiero mostrarte esa otra cara de la moneda: esa nueva idea de fracaso, que en el fondo no es más que crecimiento y aprendizaje. Y te lo mostraré con algunos ejemplos: cómo me permití equivocarme yo, saliendo de mi zona de confort.

La famosa zona de confort de la que tanto se ha dicho, ¿verdad? Pero no es nada nuevo: los seres humanos somos animales de hábitos. Ya lo he contado en multitud de ocasiones: nuestro cerebro funciona por ahorro energético. Cuando creamos hábitos, lo que en realidad hacemos es crear circuitos neuronales en nuestro cerebro.

Es como aprender un camino para ir en coche. Al principio nos requiere gran concentración: saber dónde hay que girar y qué carreteras debemos tomar, conocer los semáforos, los baches, los pasos de peatones, etc. Por eso es probable que no escuchemos ni la radio, cuando conducimos hacia un lugar nuevo o poco conocido (al menos es lo que suelo hacer yo).

En cambio, cuando ya nos suena el camino, lo realizamos en piloto automático, podemos charlar, escuchar música o noticias mientras conducimos, porque lo hacemos sin darnos cuenta: ya se ha creado una ruta neuronal en nuestro cerebro y llegar a nuestro destino nos requiere muy poca energía.

Todo esto tiene mucha relación con la famosa zona del confort: es la zona de nuestras rutas neuronales conocidas, la que no nos cuesta transitar, porque apenas supone gasto de energía por parte de nuestro cerebro.

Entonces, ¿cuál es la clave para salir de nuestra zona de confort? En realidad la clave la proporciona el concepto de lo que entendemos por confort: convertir tu zona de confort en una zona mayor; o, lo que es lo mismo: expandir tu zona de confort.

Y esto último se consigue creando hábitos: aprendiendo a hacer cosas nuevas y mantenerlas a lo largo del tiempo. Habrás oído lo de 21 días para fijar un hábito, pero en realidad todo depende de lo complicada o incómoda que sea esta nueva situación para ti.

Recuerdo mi primer trabajo en Múnich (Alemania): una agencia de publicidad moderna y joven, donde reinaba un ambiente de camaradería. Y sin embargo fue el trabajo en el que menos cómoda me he sentido. Cada vez que tenía que levantarme para ir a trabajar, lo hacía llena de inseguridad y miedos. Cuando me bajaba en la estación de metro correspondiente, en lugar de disfrutar y alegrarme de estar en una de las zonas más bonitas de la ciudad, iba contando los pasos hasta la puerta de la oficina, notando cómo me iba sintiendo más y más disgustada conforme avanzaba hacia aquel lugar.

Mi problema era que sentía que no encajaba: era mi primer trabajo en el extranjero, rodeada de personas que hablaban un idioma que desconocía (el alemán) y teniendo que conversar con ellos en otro idioma que no dominaba del todo (el inglés). Realizaba un trabajo de prácticas con 31 años, cobrando una cantidad simbólica (unos 400 euros), porque necesitaba un trabajo de lo que fuera para poder justificar mi estancia en Múnich. Había dejado atrás mi empleo de toda la vida en Madrid y no podía permitirme el lujo de no trabajar.

El cambio fue colosal para mí. En los 5 meses que duraron aquellas prácticas no llegué a sentirme cómoda en ningún momento. De hecho, apenas hablaba con mis compañeros (porque tenía mucho miedo de que se dieran cuenta de mi «bajo» nivel de inglés, que en realidad no era tan malo, pero yo era muy perfeccionista en aquel entonces). Y también me iba a comer sola, dando vueltas por aquellas hermosas calles del centro y sintiéndome un bicho raro. Cuando me avisaron de que no iban a renovar mi contrato respiré con alivio.

La conclusión de esta experiencia es que salir de tu zona de confort no siempre es cuestión de tiempo.

Hay veces que la incomodidad te está diciendo que ese no es tu lugar o que aún no estás preparado para hacer algo. Si han pasado demasiados días o meses y sigues sintiéndote mal en aquello que haces, replantéate la situación y busca alguna solución.

Otro ejemplo, contrario, que puedo plantearte aquí tiene que ver con el siguiente trabajo que tuve justo después de aquellas prácticas en las que me sentí tan incómoda.

A priori se trataba de un trabajo aún más desafiante y todavía menos acorde con mis conocimientos, que sin embargo acepté, porque «no podía permitirme estar sin trabajar». Se trataba de medir estanterías en supermercados de Múnich y enviar posteriormente los resultados a una multinacional ubicada en Irlanda.

Mi gran desafío era presentarme espontáneamente en un supermercado concreto, como representante de aquella firma irlandesa, y pedirles permiso para medir las estanterías de la tienda con el propósito de mejorar en un futuro los productos de la empresa en cuestión.

Mi gran temor era que desconfiaran de mí y me despidieran con un «no» rotundo (cosa que sucedió en las primeras 4 tiendas que había visitado); que no me entendieran bien (tenía la dificultad añadida de tener que hacerlo en un alemán bastante rudimentario, con lo cual la confianza en mí caía en picado); y por último, tenía que enfrentarme a mis propias creencias de que aquel trabajo estaba muy por debajo de mi nivel profesional.

Aun con todo logré terminar aquel proyecto, saliendo cada mañana a la calle con hasta 15 grados bajo cero y visitando de 5 a 7 supermercados al día, tras haberme aprendido en casa la ruta en metro y a pie a aquellos establecimientos, recibiendo un «no» por respuesta en la mayoría de las ocasiones, alegrándome cuando me decían que sí y realizando ese «trabajo muy por debajo de mi nivel» con gran satisfacción personal.

Si el primer día lo pasé fatal y me daba muchísima vergüenza hacerlo, a las dos semanas ya era una experta en pedir hablar con el responsable de la tienda y darle mis argumentos aprendidos en alemán para que me dejara realizar mi trabajo, llegando a hacerlo casi en automático.

Aquel trabajo fue una de mis mayores salidas de la zona de confort. Pues lo que más he temido siempre era pedir algo a gente que no conocía. Mi gran herida de rechazo, sin saber nada de ello entonces, estaba sanando también sin darme cuenta.

Mi recomendación para ti es esta: oblígate a salir de tu zona de confort de vez en cuando.

Esta es la verdadera clave. Justamente lo que más miedo te da es lo que necesitas para crecer y avanzar en la vida. Aprovecha cada oportunidad, por absurda que te parezca, para hacer aquello que más te incomoda: preguntar cómo llegar a un sitio, hablar sobre tu proyecto con alguien a quien acabas de conocer, participar y dar a conocer tu opinión en una reunión o grupo de personas.

Puedes empezar por una sola cosa, por pequeña que sea. Seguro que si lo piensas se te ocurren muchas. Puedes hacer una lista y escoger lo más fácil o asequible que tengas. Siempre te recomendaré pequeños pasos antes que grandes cambios, aunque a veces la vida nos empuja a cambios enormes. En este caso, aprovecha la oportunidad y vive la experiencia desde la aceptación y la confianza, mientras aprendes de tus errores y sigues creciendo.

Y es que equivocarse es maravilloso y necesario. Solo así aprende uno: sea un nuevo idioma, sea un nuevo tipo de actividad o tarea laboral, incluso en situaciones cotidianas como la crianza de los hijos, tu relación de pareja, etc.

Si te da mucho miedo equivocarte, imagina un mundo donde no hubiera lugar para el error, un mundo totalmente perfecto. ¿No te parecería un lugar aburrido? A menudo vemos *blogs* o perfiles de Instagram de personas que aparentan una perfección poco real... pero todos sabemos que la vida no es perfecta y que eso no es más que una fachada.

Imagínate que no permitiésemos a los niños equivocarse y corrigiésemos cada uno de sus errores...

Equivocarse no tiene por qué ser sinónimo de sufrimiento, vergüenza, rechazo, incapacidad... Igual que los niños se caen al aprender a andar, o pronuncian mal algunas palabras cuando empiezan a hablar, equivocarse es bueno, es parte del aprendizaje.

Para aprender es necesario equivocarse primero. Yo me equivoco constantemente y lo reconozco, pues soy un ser humano. Empieza a mirar con compasión los errores pasados o actuales de tu vida y comienza a aprender de ellos, permitiéndote crecer, como si fueras un niño.

4. Reescribir tu historia

Nos estamos acercando al final de este libro y ahora toca revisar tus creencias, lo que te cuentas de ti, lo que muestras al mundo y, sobre todo, lo que sientes por dentro.

Y eso que a priori parece una tontería, es muy importante.

Y es que podemos vernos como víctimas o como héroes, sea cual sea nuestra historia, pues todo depende del prisma con el que miras.

Yo antes me avergonzaba mucho de mí misma. A menudo me acuerdo de aquella famosa entrevista de trabajo ya mencionada en un capítulo anterior de la que llegué a escaparme por creer que no tenía nada que contar de mí misma.

No te puedes imaginar el nivel de vergüenza que sentí en aquel momento. Salí del paso inventando algo para no quedar mal, aunque «sabía» que todos imaginaban la verdadera razón de mi desaparición.

Ahora miro atrás y veo con compasión aquello que viví entonces. Me doy cuenta de que en realidad sí tenía mucho que contar. Era una superviviente. Fui refugiada política con 10 años de edad, aprendí español con 11 años, la primera de mi familia. Me encantaba escribir y tenía mucha sensibilidad artística. Tenía incluso algunas novelas autopublicadas.

El problema es que mi foco solo estaba en lo negativo y en lo considerado socialmente correcto. Despreciaba mis talentos, mis capacidades, mi historia de superación, mis ganas de crecer... Todo aquello parecía irrelevante para un puesto de trabajo.

Pero sean cuales sean tus circunstancias, cada persona tiene una historia que contar. Y lo puede hacer tanto desde el punto de vista de víctima como de héroe, mostrando cómo las dificultades y obstáculos de la vida le hicieron crecer y no le permitieron rendirse. Si no fuera así, estoy segura de que no estarías leyendo este libro.

Así que voy a ayudarte un poco a que hagas este trabajo. Si te cuesta, puedes empezar a escribir tu historia de vida como víctima y luego corregir lo escrito.

- ¿Cómo fue tu nacimiento? ¿Tus primeros meses de vida?
- ¿Cómo fue tu infancia?
- ¿Qué cosas te gustaban?
- ¿Qué se te daba bien de niño?
- ¿Qué te costaba más?
- ¿Cómo era la relación con tu madre?
- ¿Cómo era la relación con tu padre?
- ¿Cómo era la relación con tus hermanos?
- ¿Qué amigos tenías y qué os unía?
- ¿Qué episodios recuerdas con más nitidez?
- ¿Qué situación incómoda o dolorosa podrías recordar de tu infancia?
- ¿Algún aprendizaje especial?
- *¿Hobbies*, sueños, viajes? ¿Qué podrías destacar de esa época?
- ¿Qué responsabilidades tenías de niño?
- ¿Te sentías rechazado, humillado, abandonado, traicionado o tratado injustamente?

Hazte preguntas del mismo tipo aplicadas a tu adolescencia, aunque aquí habría que añadir algunas más:

- ¿Qué tal te iba en los estudios en tu infancia y adolescencia?

- ¿Con qué asignaturas disfrutabas más? ¿Qué te gustaba de ellas?
- ¿Cuáles te costaban más o no te gustaban?
- ¿Qué tal fue tu despertar sexual?
- Si eres mujer, ¿tu primera menstruación y tu relación con la regla?
- ¿Parejas, novios, chicos que te gustaban?
- ¿Tu relación con la comida, el alcohol, el tabaco, las drogas?

Para la edad adulta, puedes fijarte en aspectos laborales, parejas estables, hijos, etc.

Y, para terminar, preguntas profundas:

- ¿Cómo han marcado tu vida tus experiencias de la infancia y época adolescente?
- ¿Qué es lo que más te gusta de ti? ¿Y lo que menos?
- ¿Te sientes a menudo rechazado, humillado, abandonado, traicionado o tratado injustamente?
- ¿Cómo te gustaría que fuera la relación con tu pareja, familia, hijos, amigos?
- ¿Cómo está tu salud, te cuidas, te mimas?
- ¿Quién crees que eres realmente?
- ¿Cuál es tu esencia?
- ¿Qué haces en este mundo, para qué crees que estás aquí?
- ¿Para qué te levantas cada mañana?
- ¿Qué sentido tiene tu vida?
- ¿Dónde te ves en 10 años? ¿Y en 20?
- ¿Cuál es tu mayor sueño, incluso el más loco?
- ¿Qué te impide realizarlo?
- ¿Cuándo te gustaría alcanzarlo?
- ¿Qué estás dispuesto a hacer para lograrlo?

Escribe todo esto (o más cosas que se te ocurran) y revisa cuando esté todo escrito cuál es el tono predominante: ¿es victimista o no? Si es victimista, cámbialo por un lenguaje de superación. Los obstáculos y las dificultades ponlos como aprendizajes y retos a superar. Observa cómo una situación dolorosa muestra tu crecimiento.

Te pongo de ejemplo mi historia de la entrevista de trabajo de la que huí sin avisar a nadie.

Puedo verme como víctima de mi baja autoestima, mi inseguridad, incluso mi auto-rechazo. Pero también lo cuento ahora para darme cuenta de que por aquel entonces no contaba con las herramientas necesarias para creer en mí, me sentía realmente sola e incomprendida, por mi familia, por mi pareja de entonces, por mi entorno. Claro que deseaba progresar y abandonar mi trabajo de teleoperadora para crear algo con sentido en este mundo. Pero no tenía recursos ni conocimientos. En aquella circunstancias temía muchísimo vivir el rechazo de los demás, al creer que no tenía nada que aportar al mundo.

Ahora soy consciente de que en realidad sí tenía mucho que aportar, solo que no lo sabía, no estaba poniendo el foco donde debía. Me escapé de la entrevista no porque fuera una cobarde, sino porque necesitaba protegerme. Así que le puedo dar gracias a mi Yo del pasado por salvarme de situaciones dolorosas.

Mi gran aprendizaje fue darme cuenta de que no podía seguir trabajando en un puesto que no me correspondía. Tardé 7 años en dejarlo, pero al final lo hice. Y ahora puedo sentirme orgullosa de mí misma, pues aunque tardara tanto tiempo, al final superé esos miedos y dejé un trabajo en el que no era feliz. Me fui al extranjero y aprendí idiomas, trabajé en circunstancias incómodas y eso me ayudó a crecer.

Y ahora además, esa anécdota me sirve para ilustrar que uno, por mal que esté en un momento dado, siempre tiene la capacidad de salir a flote. Siempre se puede cambiar.

Haz este ejercicio con todas las circunstancias incómodas de tu vida. Incluso aquellas que aún no has superado. Simplemente puedes decir: «Gracias a esta situación me di cuenta de algo, aprendí esta u otra cosa, me apunté a este curso, compré y leí el libro de María Mikhailova, etc.».

Sin error no hay cambio. Si nuestra vida fuera perfecta, ¿acaso tendría sentido el desarrollo personal?

De hecho, si lees historias de personas más conscientes o espirituales en su pasado verás situaciones incómodas, mucho dolor, mucho trauma, mucha inseguridad, incluidas adicciones o enfermedades como ansiedad o depresión. El mismo Eckhart Tolle cuenta en su gran libro *El poder del ahora* que estuvo a punto de quitarse la vida de lo deprimido que estaba, momento en el que comenzó su despertar espiritual.

O Sergi Torres, que también cuenta en uno de sus libros, *¿Me acompañas?*, cómo un estado de ansiedad llevado al límite le hizo conectar con el Todo, sintiéndose parte del Universo mismo y trascendiendo el miedo a morir.

Puede que tus situaciones no sean tan graves, pero te aseguro que cualquier vida humana tiene más o menos lo mismo: una misma porción de dolor y otra de felicidad. Y eres tú quien elige conscientemente la felicidad, pues el dolor se suele elegir de manera inconsciente, simplemente dejándose llevar.

Para terminar, te propongo lo siguiente: piensa en una situación difícil en tu vida actual: sea de tipo laboral, de relación de pareja, con tus hijos, familia, etc. Y escribe todo lo que sabes de esa relación, saca todo tu dolor, tu pena, tu rabia, tu tristeza, tu incomprensión... Escribe todo lo que se te ocurra para describir esa situación injusta, terrible, dolorosa.

Después, déjalo estar. Cambia de ambiente o baila, muévete, haz ejercicio, corre o sal de casa, da un paseo, escucha música que te guste, medita.

Cuando estés en un estado diferente, más alto, revisa lo escrito y empieza a corregir. Empieza a escribir al lado cómo todo esto te está enseñando algo, te permite o te va a permitir crecer, cómo otras personas en una situación similar lograron salir de ello. Incluso si ahora lo ves imposible, imagina que esa situación se ha resuelto. ¿Cómo lo has logrado? ¿Qué has hecho diferente?

No hace falta estar seguro de nada; simplemente se trata de escribir, conectar con tu corazón, lo que de verdad quieres.

Este ejercicio te muestra que siempre podemos reescribir nuestra historia. Perder un trabajo puede ser visto como algo terrible o una nueva oportunidad de encontrar un trabajo mejor.

Yo, por ejemplo, tardé muchos años en quedarme embarazada y siempre me preguntaba lo mismo: «¿Por qué me está costando lograrlo cuando veo a mi alrededor a tantas mujeres quedándose embarazadas, incuso sin buscarlo?».

En aquel entonces estaba estudiando disciplinas que a día de hoy son mi trabajo, mi pasión y mi misión de vida: *coaching*, PNL, inteligencia emocional. Mi marido y yo nos estábamos gastando grandes cantidades de dinero en tratamientos de reproducción asistida. Yo había probado de todo:

acupuntura, kinesiología, alimentarme de forma mucho más sana, tomar aceite de onagra, Ovusitol, incluso la píldora (que tan mal me sentaba) para regular mi ciclo menstrual y ajustarlo a los agresivos tratamientos hormonales que me habían prescrito, controlar nuestras relaciones íntimas en días de ovulación para concebir más facilmente... Pero no lograba ese embarazo tan deseado.

Mientras tanto, vivía entre dos países: España y Holanda. En España estaba estudiando un máster de *coaching*, con clases cada 15 días durante un fin de semana completo, y en Holanda estaba mi marido trabajando, por lo que el resto del tiempo me iba con él allí.

Al mismo tiempo estaba escribiendo mi *blog*, compartiendo mis aprendizajes, teniendo mis primeras prácticas con clientes. También aprovechábamos para viajar, y fuimos a lugares tan diversos como Nueva York, Costa Rica, México, diferentes países europeos...

Cuando vivía en Rotterdam me encantaba ir en bicicleta a la biblioteca central, ubicada al lado de las emblemáticas casas cúbicas. Más adelante nos mudamos a Utrecht, una ciudad de ensueño, con esas casitas de cuento distribuidas alrededor del canal, con sus flores en primavera y barcas llenas de holandeses felices.

Ahí también me gustaba llegar a la biblioteca del centro, pedirme un *chai latte* y sentarme con mi portátil al lado de la ventana, con vistas al canal y esas callejuelas empedradas, llenas de puentes, flores, tiendas y cafeterías con encanto y personas desplazándose en bicicleta por todas partes.

Lo escribo ahora y me emociono al recordar las experiencias tan hermosas e intensas que viví en esa ciudad. Y sí, no tenía a mis hijas, pero era libre para viajar, estudiar, aprender, moverme por donde quisiera, ir y venir en avión cada 2 semanas (algo que me encantaba) y crear poco a poco lo que es mi negocio de *coaching* de ahora.

Si no hubiera sido por la dificultad de tener hijos no habría vivido todo aquello ni tendría un negocio *online* exitoso como el que tengo hoy. Pues siendo madre de dos, y siendo como soy, que me vuelco al 100% en todo lo que hago (que en este caso serían mis hijas), no me habría atrevido a un cambio tan grande. Ahora sé a ciencia cierta que mis hijas llegaron en el mejor momento posible para nosotros, con el negocio ya establecido.

5. La luz en ti que no ves

Lo recuerdo como si fuera ayer (como ves, me encanta recordarlo todo). Estaba sentada en las mesas de niños en la biblioteca de Benicàssim, ciudad costera de la provincia de Castellón, donde mi marido y yo pasábamos temporadas aquella primavera del 2014. Hacía no mucho habíamos vuelto de nuestra luna de miel en Costa Rica y habíamos dejado nuestro apartamento en la ciudad holandesa de Rotterdam para volver a España.

Recién casados, sin trabajo ninguno de los dos, ya en la mitad de los 30 años parecíamos sin embargo unos estudiantes en busca del porvenir. Como no teníamos casa en Madrid y tampoco queríamos alquilar una, pues la idea era que a Carlos volvieran a llamarlo de alguna empresa europea para un puesto de consultor tecnológico, decidimos marcharnos al piso de playa de mis suegros y así estar cerca del mar.

Para estar enfocados en los estudios (Carlos seguía formándose en temas de consultoría tecnológica de negocio) íbamos cada día a la biblioteca de Benicàssim, ciudad cercana que nos gustaba mucho. Y nos llevábamos nuestra comida preparada en casa para almorzar en la playa y luego bañarnos y tomar el sol.

Me acuerdo de esa vida sin preocupaciones con mucho cariño. ¡Qué jóvenes éramos; teníamos todo el futuro por delante!

Y sin embargo no lo disfrutábamos realmente. Los dos estábamos preocupados por la falta de trabajo y de estabilidad en nuestra vida. Vivíamos de nuestros ahorros y, si bien podíamos permitirnos ese estilo de vida durante unos años, no nos sentíamos a gusto.

Yo, además, estaba buscándome a mí misma. Cuando el año anterior nos habíamos mudado a Rotterdam, dejando atrás Múnich, ciudad donde permanecimos 2 años trabajando los dos, decidí que abriría un negocio propio, que emprendería. Me di de plazo hasta mi cumpleaños, el 19 de febrero... Pero estábamos en mayo y seguía sin saber qué hacer con mi vida. Me sentía perdida, como si estuviera jugando a eso de emprender o directamente perdiendo el tiempo.

En aquel entonces descubrí disciplinas como la PNL o el *coaching*, y seguía muchos *blogs* de mujeres como yo que se habían reinventado. Una de estas mujeres ofrecía un servicio gratuito: escríbeme diciendo a qué quieres dedicarte y te daré mi opinión.

Le escribí un *email* a Leticia, que es como se llamaba ella, y le conté mi situación, comentando además que quería formarme como *coach*.

Leticia me respondió al poco rato; recuerdo que recibí con mucha ilusión su respuesta. Me preguntó en qué era buena yo, que detallara todo lo que se me daba bien en mi día a día.

Si te soy sincera, me costaba mucho escribir todo eso. ¿En qué era buena yo? En realidad no me veía buena en nada especialmente. Pero como me había comprometido con ella tuve que hacerlo.

Me puse a recordar mi vida, mis logros, mis actividades, las que me gustaban y las que no, lo que se me daban bien, mis trabajos pasados, los recados que hacía para mi familia.

La lista podía ser algo así como esto: me gusta escribir, leer, escuchar a la gente y sus problemas, tratar de animarlos o darles apoyo, ayudar a los demás cuando lo pasan mal, también soy buena redactando *emails*, cuido mucho la escritura, me encanta la música, dar paseos, el mar, soñar, buscar algo más allá de lo conocido, tengo una imaginación muy rica, me encanta conocer otras culturas, aprender idiomas, conectar con personas con mentalidad diferente a la mía...

Lo escribía y me decía por dentro: «¡Por favor, esto no tiene ningún sentido! Hay cientos de miles ahí fuera que podrían escribir lo mismo. Esto no me diferencia de nadie...».

Le mandé la lista a Leticia y ella me dio su *feedback*: «Podrías dedicarte al *coaching*, a la psicología o a la terapia perfectamente».

Si te digo la verdad, en aquel momento no me lo creí. Simplemente me dije: esta mujer es muy amable conmigo y trata de ser simpática. Yo no tengo nada especial que ofrecer.

Sin embargo, sí creo que sus palabras me llegaron dentro. Pues a las pocas semanas, en esa misma biblioteca de Benicàssim, estaba informándome por Internet sobre formaciones de *coaching* y PNL. Salía fuera del edificio a atender llamadas de algunas escuelas mientras me tomaba mi café o un chocolate de máquina y me veía el siguiente año dando talleres y sesiones de *coaching*.

Y comparto todo esto para que te des cuenta de que todos tenemos en nosotros una parte luminosa que a menudo no apreciamos. Y no lo hacemos porque nos parece demasiado simple o demasiado «normal».

En mi caso, el hecho de escuchar a otros y poder darles consejos me parecía una cualidad que carecía de importancia. Pero para ser *coach* o terapeuta es necesario ser capaz de escuchar a los otros sin imponer nuestra opinión, ser respetuosos, amables, empáticos.

El hecho de que se me diera bien escribir y redactar *emails* me ayudó a crear mi negocio *online*, con el que empecé escribiendo artículos e *emails* a mis seguidores (y más adelante este libro que tienes entre las manos).

El buscar algo más allá de lo visible es algo que me acerca mucho a la espiritualidad, a lo profundo del ser humano, a nuestras sombras, las heridas de nuestra infancia, etc.

Y así les ocurre a no pocas de mis clientes y alumnos. Casi siempre se creen menos de lo que son, no aprecian ni ven la luz que llevan dentro. Por eso es tan importante que alguien de fuera les muestre su luz y les haga creer que ellos sí valen.

Y esto es lo que te recomiendo a ti: hacer esa misma lista de todo lo que se te da bien, lo que haces de forma natural, incluso si no tienes formación en ello. Escríbelo todo, no te cortes. Y luego enséñale esa lista a una persona de confianza y pregúntale: «¿A qué crees que se podría dedicar una persona así?».

O busca información en Internet sobre profesiones donde estas cualidades son necesarias.

Pero sobre todo, incluso si no quieres cambiar de trabajo, simplemente empieza a apreciar esa luz en ti que ya existe.

He trabajado con personas que eran muy buenas en la crianza de sus hijos, usado métodos creativos para todo lo relacionado con la disciplina. O eran unas mujeres brillantes en eso de ordenar sus casas (¿te suena el método Marie Kondo, verdad?).

Con todo ello, quiero que veas que todas las personas tenemos algo interno, ese diamante en bruto, que a veces nos parece tan obvio que ni le prestamos atención.

Y cuando lo tengas a la vista, puedes preguntarte: «¿Lo estoy aprovechando realmente?», «¿Me gustaría realizarme en este sentido?».

En realidad, puedes incluso empezar a a implementar acciones, por pequeñas que sean, para darle valor a eso que se te da tan bien. Desde abrir una cuenta en Instagram o Youtube y hablar de ello, dando consejos y recomendaciones, hasta proponer tu ayuda a personas a las que podría servirles esa habilidad que tienes.

Y es que las personas que hemos vivido muchos años o toda nuestra vida en la sombra no estamos acostumbradas a brillar, a sentirnos importantes, a mostrar nuestros talentos y capacidades. Solemos despreciar incluso eso que se nos da bien, diciendo que es algo normal y que no tiene nada de especial.

Y si todo lo anterior te cuesta todavía o no te atreves a mostrárselo a nadie, por lo menos puedes escribirlo en un cuaderno o dejarlo en un lugar visible. Empezando la frase con algo así: «Soy buena haciendo esto...».

Sentirnos valorados internamente es el paso más importante, aunque a menudo está muy relacionado con cómo nos ven los demás. Pero incluso si los demás aún no nos están viendo, debemos ir a lo profundo y empezar a darnos ese valor nosotros mismos, pues es el camino más directo para sentirte bien contigo mismo.

Te recomiendo escribir en qué eres bueno, reservar un tiempo de tu día a día a esa actividad y conectar con tu poder interior, repitiendo por dentro todas las cualidades positivas que ya tienes.

Un ejercicio muy recomendable es el de «Logros y capacidades». Escribir una lista de todos los logros a lo largo de tu vida, por pequeños que sean, como aprender un deporte o sacar una buena nota en alguna asignatura en tu juventud...

Y al lado de cada logro anotar 2 o 3 capacidades que te han permitido lograrlo.

Relee esa lista todos los días hasta que sientas como algo totalmente natural el poder hablar de forma positiva de ti mismo. Porque, ya sabes, el lema es este: no te conformes, empieza a cambiar tu vida. Y para que este cambio se produzca, debes empezar por cambiar tú y mejorar tu relación contigo mismo.

6. Aceptarte y reconocerte

En el capítulo anterior te hablaba de reconocer la luz en ti que no ves. Pero ¿qué ocurre cuando incluso reconociendo tu luz sientes que tampoco es relevante?

Muchas veces el gran problema está en la falta de aceptación de uno mismo, de modo que da igual que todos te digan lo maravilloso que eres y lo mucho que puedes aportar a los demás, pues tú mismo te infravaloras.

En este capítulo vamos a ir a lo profundo una vez más, y al mismo tiempo reforzando la autoestima.

Una de las cosas que más nos cuestan a las personas en general es aceptarnos tal como somos: con nuestras luces y nuestras sombras. A veces nos cuesta menos aceptar lo malo que lo bueno o viceversa. O incluso no queremos aceptar nada de las dos cosas.

Pero si no me acepto, si no me quiero tal como soy... ¿acaso haré algo por mí?

Una forma práctica de aceptarte es ponerte a escribir tus cualidades positivas (lo que ya te he recomendado en el capítulo anterior) y darle valor a cada una de ellas.

Por ejemplo, si eres una persona empática como yo, puedes leer la frase y luego darte las gracias por ser así. O también recordar momentos de tu vida en los que esa cualidad te sirvió en algún aspecto, por ejemplo, a la hora de ayudar a una persona, sea en lo particular o profesional. Y finalmente terminar conectando con la gratitud, cerrando los ojos y diciéndote por dentro: «Gracias, empatía, por permitirme esto o lo otro». Ser empática es muy necesario para esta u otra situación de mi vida y para los demás.

Y con este mismo enfoque te recomiendo que vayas aceptando, reconociendo y agradeciendo todas las cualidades positivas que tienes.

Ahora sí, también es necesario hacerlo con las que te gusten menos, pues aceptarse no es solo reconocer lo bueno en ti, sino lo que no te gusta tanto, pero que por ahora es parte de ti (o incluso tal vez por siempre).

Una de las cosas que menos me gusta de mí es mi impulsividad. A veces tomo decisiones precipitadas y luego me arrepiento de ello, o meto la pata. Pero incluso trabajándome esa parte de mí, es algo que no puedo evitar siempre. Por eso, aquello que no podemos cambiar es mejor aceptarlo y como mucho corregirlo un poco.

Si sigo con el ejemplo de mi impulsividad puedo también escribir qué cosas positivas me ha permitido lograr esa forma de ser mía. Por ejemplo, emprender o sacar cursos que a priori no estaban perfectos (pues todo es susceptible de mejorar). Otra cosa positiva es que puedo pasar a la acción rápido y, por tanto, terminar las cosas antes.

Pero también la impulsividad me ha traído problemas, pues no siempre las decisiones tomadas eran acertadas, o he tenido que cambiar algo que estaba en marcha, o incluso dar marcha atrás, cancelando algún proyecto con el que me había comprometido.

Y aceptarme significa también aceptar esa parte menos bonita de mí, que como todo, tiene sus pros y sus contras.

Y es que cuando aceptas tus sombras, lo que te gusta menos de tu personalidad, te sientes mucho más ligera; no estás tratando de ocultar algo tuyo que piensas que es terrible y nadie debería ver en ti. Dejas de ser tan perfeccionista o autoexigente contigo y aceptas la imperfección o el error como parte de tu vida.

Mi recomendación es que encuentres un número similar de fortalezas y áreas de mejora (lo que habitualmente llamamos debilidades). Y si algunas de esas áreas de mejora te gustan muy poco o te obstaculizan realmente, piensa cómo podrías valerte de tus fortalezas para convertir esas debilidades en oportunidades de cambio.

Para ello, otro ejemplo mío. Tengo una tendencia natural a buscar la variedad. Si estoy realizando una acción mecánica mucho tiempo o algo que no me llena del todo suelo cambiar de actividad cada poco tiempo. Es decir, me cuesta estar enfocada mucho rato en algo que no me satisface plenamente. No es que no lo vaya a terminar, pero puedo ir pasando de una actividad a otra, pues necesito sentirme inspirada.

Esta cualidad, que podemos llamar multitarea, a menudo me hace ser poco productiva, y como tengo poco tiempo para trabajar, pues soy madre de dos niñas pequeñas, hace que no termine todas las tareas en el plazo propuesto. En este caso puedo corregir un poco esa necesidad de variedad y esa tendencia a la multitarea usando algunas de mis cualidades positivas.

Simplemente necesito revisar esa lista de fortalezas y ahí me encuentro con aspectos como compromiso, constancia, perseverancia. Y ahora me puedo preguntar: «¿Cómo pueden mi compromiso, constancia y perseverancia ayudarme a enfocarme en tareas que me gustan menos?».

De hecho, yo ya poseo esas cualidades; simplemente necesito hacerme consciente de ellas cuando me enfoco en tareas menos agradables o divertidas para mí.

Aquí puedo cerrar los ojos y conectar con una de estas 3 palabras para «empaparme» de su energía. Si he elegido la palabra compromiso, me imagino comprometida con mis clientes o lectores, y de ahí me lleno de esa cualidad que ya tengo y la traigo al presente, a la actividad que estoy realizando ahora.

Como ves, no hay trucos mágicos ni milagrosos; es todo puro sentido común, pero es lo que en la práctica mejor funciona.

Otra cosa que debes tener en cuenta con respecto a la aceptación de lo menos bonito de ti es que no existen personas perfectas. Incluso aquellas personas a las que admiras o piensas que son maravillosas en algo, también tienen sus sombras, sus áreas de mejora.

Siempre nos comparamos a la baja, es decir, vemos lo que los demás tienen y nos falta a nosotros. ¿Pero y si también nos comparáramos a la inversa? ¿Qué tengo yo de especial que tal vez muchas otras personas no tienen? Si has hecho el trabajo propuesto en el capítulo anterior te será más fácil conectar con eso que sí tienes.

Hace no mucho surgió en Internet y redes sociales un movimiento llamado «Malas madres». Si eres madre es posible que lo conozcas. Me encantó en cuanto lo descubrí, pues su misión es que dejes de ser esa madre perfecta que se olvida de sí misma y empieces a pensar en ti, pues si no estás bien tú como persona, tampoco podrás darles lo mejor a tus hijos.

Y es que la perfección, como te decía, no existe. En realidad es una forma de paralizarte, de protegerte de actuar, de impedirte crecer o ser tú mismo. Todo en la propia naturaleza funciona así: los niños aprenden a andar probando, equivocándose, cayendo al suelo...

7. Valorarte (autoestima y merecimiento)

Este es uno de mis puntos preferidos. La valoración de ti mismo y la sensación de merecimiento. En realidad, ya lo hemos visto anteriormente, pero en este capítulo iremos profundizando aún más en el tema del merecimiento.

Ya sabes que la autoestima siempre ha sido mi talón de Aquiles, prácticamente desde mi nacimiento. No me sentía merecedora de las cosas buenas, me reprochaba cuando gastaba dinero en mí y siempre buscaba lo más baratito y no molestar a los demás.

Pero la autoestima es básica para realizar cualquier cambio positivo en tu vida.

Se trata de volver sobre el ejercicio que te recomendé al principio del libro yendo a la raíz para conectar con tu valía interna. Te surgiero hacer una lista de cosas, empezando cada frase por la palabra «Merezco...». Y hacerlo sin analizar si lo que escribes tiene sentido o no, escribir de forma rápida, casi automática, simplemente lo primero que salga.

- «Merezco ser amada incondicionalmente».
- «Merezco amarme todos los días de mi vida».
- «Merezco ser una persona brillante».
- «Merezco creer en mí».
- «Merezco comprensión del entorno».

- «Merezco relaciones sanas con los demás».
- «Merezco ser tratada con respeto».
- «Merezco tener dinero para vivir como yo quiero».
- «Merezco dedicarme tiempo todos los días».
- «Merezco cuidarme y mimarme como yo quiero».

Escribe al menos 100 «merezcos», incluso si la mitad de ellos te suenan raros o absurdos. De entre todos ellos estoy segura de que saldrán algunos con mucho sentido y hasta profundos e inesperados para ti.

Y es que, en el ámbito inconsciente, funcionamos con afirmaciones constantes. Al realizar este tipo de declaraciones positivas estás reprogramando tu inconsciente.

Y cuando tengas la lista hecha quédate con las 10 frases más potentes, las que más necesitas incorporar en tu vida ahora. Escríbelas de nuevo en una hoja grande, con letra bonita, con colores si quieres... Y pon estas frases en un lugar visible. Puedes leerlas antes de empezar el día o añadirlas a algún ritual de autoestima diaria.

Al igual que te lavas los dientes todos los días, incorpora en tu vida esa lectura o ese ritual en el que te mimas y te tratas con amor y repites afirmaciones positivas sobre ti mismo y tu sensación de valía y merecimiento. Intenta sentir cada una de estas frases al pronunciarlas en voz alta, casi como si las estuvieras saboreando, dotándolas de energía amorosa, cálida.

Puede ayudarte poner algún tipo de música que te guste, sea relajante o empoderadora. Así generarás lo que en PNL llamamos «anclaje», es decir, una asociación automática entre dos estímulos diferentes: un sonido específico y esas afirmaciones, de forma que más adelante, con solo escuchar esta música podrás conectar con ese estado de merecimiento y amor propio.

Es increíble cómo incluso tu propio cuerpo cambia su torrente hormonal al conectar con frases llenas de sentido, positivas y que te permiten conectar con tu valía.

Si ya has incorporado las frases y el ritual, al día siguiente puedes pasar al siguiente paso, sin olvidar seguir ese ritual diario de afirmaciones, hasta que sientas que esas nuevas ideas y creencias se van convirtiendo en parte de tu vida.

8. ¿Eres león o gacela?

Después de trabajar con el merecimiento toca reforzar la auto-confianza. Y aquí vas a tener que enfrentarte a la sensación del «sí puedo».

Conecta para empezar con situaciones de tu vida que te generan menor confianza, sea en el ámbito laboral o de relaciones, con ciertas personas.

Describe por escrito qué es lo que te da menos seguridad en esa situación. Qué es lo que temes que pasará y cómo reaccionará la gente involucrada, si es que la hay.

Acto seguido te propongo visualizar cómo te gustaría que fuera esa situación, cómo actuarías, sentirías y pensarías si tuvieras una buena confianza en ti en ese ámbito de tu vida.

Puedes cerrar los ojos y conectar con la versión ideal de esto que tanta inseguridad te produce.

Al abrir los ojos, cuando termines la visualización, pregúntate: «¿Qué pequeñas acciones o incluso pensamientos me ayudarían a vivir esta situación lo más parecido posible a cómo la acabo de visualizar?».

Tal vez sea una frase, una sonrisa, conexión con tu cuerpo... Cualquier detalle, por pequeño que sea, nos vale.

Y para ilustrártelo, te pondré un ejemplo mío.

Hace años tenía pavor de hablar en público, un miedo atroz. Pero cuando empecé a dedicarme al *coaching* tuve claro que necesitaría desarrollar esa cualidad si quería hacerme visible y ayudar a los demás.

Al visualizarme hablando en público me imaginaba disfrutando del proceso, sonriendo a la gente, viéndolos como seres amorosos en vez de amenazantes, sintiendo sintonía y unión con ellos, en vez de separación y frialdad.

Al realizar esta visualización en varias ocasiones llegué a la conclusión de que el gran problema consistía en que estaba viendo a los demás como personas que me juzgan, que me miran mal, que buscan cualquier defecto mío del que burlarse...

¿Pero acaso es esto real? En realidad, yo no sé qué puede pasar por su cabeza. Puede que haya alguien en el público que tenga ese tipo de pensamientos, pero no será lo más habitual. La gente no viene a una charla a juzgarme, sino a aprender de mí. El hecho de querer escucharme o haber pagado la entrada ya indica que me ven como alguien que sabe del tema.

Entonces soy yo quien elige cómo tratar internamente a esta gente. Y yo puedo elegir tratarlos con cariño y amor o con desconfianza.

Y fíjate que ese pequeño detalle, el cómo los trato internamente, no depende de nadie más que de mí.

Así que en mis charlas decidí incorporar ese pequeño detalle. Ver a cada persona desde el amor, ver su alma y no su parte juzgadora. Incluso si su rostro es duro o inexpresivo (pues también puedo ser compasiva con ese tipo de rostros, ya que se tienen cuando alguien ha sufrido mucho o ha sido muy criticado y juzgado).

Desde ese lugar me fue mucho más fácil dar mis charlas y eso hacía que aumentara mi confianza en mí misma.

Te propongo hacer algo así: buscar ese pequeño detalle que solo depende de cómo te percibes a ti mismo o a los demás para dar lugar a un pequeño cambio.

Por otro lado, la confianza se relaciona mucho con nuestra sensación de competencia. ¿Qué ocurre si el miedo o la inseguridad parten de que aún no eres muy experto en un tema? Podría parecer incluso que se trata de algo externo y objetivo: «No tengo experiencia suficiente, por lo que no confío en mí».

Pero, de nuevo, se trata de una trampa. Pues, ¿cuál es el nivel de competencia óptimo? Uno siempre puede seguir perfeccionándose más y más. En el ámbito profesional he trabajado con personas que tenían una experiencia muy amplia, de años, en un terreno, y aun así se sentían inseguras.

Aquí entra en juego la famosa auto-exigencia. Esa necesidad de ser el más, el mejor, saber más o saberlo todo de un tema concreto (cuando sabemos que esto es algo prácticamente imposible). Y de nuevo caemos en la trampa del perfeccionismo.

Pero en realidad, lo único que nos ocurre si nos enganchamos a la idea de ser perfectos es no avanzar. Una idea que me ayudó mucho para vencer esa tendencia a hacerlo perfecto fue esta: el perfeccionismo equivale a muerte.

Sí, tal como lo oyes. Pues nuestra parte esencial, nuestra alma o espíritu, lo que busca incesantemente es evolucionar, crecer, desarrollarse... Si me obligo a no hacerlo por miedo al error, entonces sencillamente muero en vida.

¿Cuántos proyectos tuyos, ideas que tenías en la cabeza, murieron antes de ver la luz? Es posible que no pocos.

Por eso es tan importante recordarte que si vibras en el perfeccionismo es que estás virando en la idea de muerte. Mientras que si resuenas con la imperfección, te conectas con la vida misma.

Y por último, un apunte más que puede ayudarte a vencer esa tendencia a hacerlo todo perfecto.

El perfeccionismo es un complejo de víctimas.

¿Suena raro verdad? Bueno, compartiré contigo una metáfora.

Vayamos al mundo salvaje y pensemos en una gacela y un león. ¿Quién de los dos tiene derecho a equivocarse? ¿Quién de los dos tiene el permiso de no hacerlo perfecto? ¿La gacela o el león?

Claramente es el león. Pues si el león se equivoca y no caza a la gacela, no come ese día, pero tendrá más oportunidades de cazar.

Mientras que la gacela, si falla, si no logra escapar del león, simplemente muere, ya que la gacela es la víctima.

Pensar que equivocarse es morir, como puedes concluir, es ponerse en la mentalidad de víctima. Si me equivoco, se acabó todo.

Así que pregúntate: ¿quiero estar en el rol de gacela durante toda mi vida, quiero seguir sintiéndome víctima? ¿O me permito ser protagonista y brillar, como el león, incluso si me equivoco unas cuantas veces?

9. Conecta con tus valores

En mis sesiones de *coaching* muchas veces propongo a mis clientes un ejercicio que considero de vital importancia: descubrir sus valores. Muchos vivimos sin siquiera ser conscientes de cuáles son nuestros valores, qué es lo que nos importa, cuál es la prioridad que le damos a determinadas actividades en nuestra vida. Y luego nos preguntamos por qué nos sentimos perdidos, sin ilusión o desmotivados.

De hecho, los valores serán esenciales para sacarnos de una situación difícil cuando parezca que todos te hayan dado la espalda, cuando sientas que no hay nadie que te comprenda o pienses que todo lo que has hecho hasta ahora carece de sentido, que tu vida no se dirige a ninguna parte.

Así que, aunque sea un tema muy común en desarrollo personal, no podía dejar de mencionarlo, por la relevancia que tiene.

Y en primer lugar voy a definir qué son los valores.

Los valores son las emociones que más nos gusta sentir. Es aquello que nos motiva, el por qué de cada una de nuestras acciones, lo que para nosotros es importante y a lo que damos significado en nuestra vida. Cuando hablamos de encontrar nuestro propósito vital nos estamos refiriendo también a encontrar o dar nombre a nuestros valores y lo que nos mueve: el motor de nuestra vida.

El problema es que muchos desconocemos nuestros valores o incluso vivimos en contra de aquellos que más nos importan.

Un ejemplo muy claro puede ser mi propia trayectoria profesional. Uno de mis valores clave es la autenticidad o la sinceridad conmigo misma. Pues bien, he estado más de 7 años trabajando en algo que no iba con este valor: no creía en lo que hacía, no era auténtica en mi puesto laboral, no era sincera conmigo misma. Estaba claramente viviendo con un contravalor, que es el autoengaño frente a la autenticidad, y eso me hacía sentir incompleta, sin que fuera consciente de ello.

En mis primeras sesiones de *coaching* trabajé con Rubén, que era comercial y cuyo valor principal era la integridad. Acudió a mí porque quería dejar de fingir que creía en lo que vendía, pues no era así.

Así me pasó a mí en mi primer trabajo, que me duró un solo día, durante mi época universitaria: debía vender enciclopedias por teléfono, leyendo un mismo texto a las personas, cuyo teléfono sacaba de una guía. En ese primer y único día, encontrándome en pleno aprendizaje, logré vender dos enciclopedias y me encontré realmente mal. Sentía que estaba engañando a esas personas, algunas posiblemente mayores, que no se enteraban muy bien de qué les estaba vendiendo. Al día siguiente presenté mi renuncia, porque ese trabajo violaba un valor muy profundo para mí.

Así que en este capítulo quiero ayudarte a descubrir tus valores y ver si estás viviendo de acuerdo a ellos o no. Y sobre todo quiero que empieces a incorporar esos valores en tu vida.

Para hacer este trabajo tan profundo tómate tu tiempo. Puede cambiar tu visión de ti mismo, puede ayudarte a aclararte qué es importante para ti, y hasta a encontrar tu propósito vital, algo que muchas veces nos parece algo intangible y difícil de conocer. Para hacer este ejercicio sigue estos pasos.

Paso 1. Valores

Antes que nada una pequeña observación: existen valores que sirven como fin y valores como medio. Por ejemplo, el dinero es un valor que sirve como medio, el fin es aquello que consigues con él. Te recomiendo que escojas los valores como fin y no como medio para hacer este ejercicio con la máxima precisión.

Al final de este libro tienes un código QR para descargarte un listado de valores para poder orientarte.

Te pido que de todos ellos escojas los 10 qué más te identifican. Seguramente podrías elegir muchos más que 10, pero como no podemos dispersarnos tanto; te aconsejo que sea un número entre 5 y 10.

Y a continuación escribe qué significa para ti cada uno de ellos. ¿Cómo describes concretamente cada valor?

Por ejemplo, en mi caso el valor del coraje no es no tener miedo o hacer lo que me dé la gana sin pensar, sino actuar con determinación e ir a por mis objetivos verdaderos, a pesar de las dificultades y los obstáculos.

Paso 2. Contravalores

Asimismo, te invito a pensar en los valores contrarios a los valores escogidos por ti. Por ejemplo: confianza-inseguridad, amor-miedo, optimismo-pesimismo. Pero como es un ejercicio personal, por favor escoge los contravalores que sientas tú mismo a partir de tus valores elegidos. No hay forma correcta o incorrecta de hacerlo.

Aquí también deberías describir qué significa cada uno de los contravalores para ti.

Paso 3. Ordenando tus valores

El siguiente paso es dar un lugar a esos valores (y posteriormente contravalores). Sé que no siempre es fácil, pero te doy un truco que funciona muy bien (y además ya te lo he recomendado en alguno de los ejercicios anteriores).

Se trata de ir comparándolos entre sí y eligiendo entre dos valores hasta agotarlos. Por ejemplo, imagínate que tus valores principales son optimismo, lealtad y creatividad.

Empieza por comparar optimismo con lealtad, ¿qué predomina? Si no te es fácil decidir, piensa en un dilema moral: si tuvieras que renunciar al optimismo para ser leal, ¿qué harías? Si dices que estás dispuesta a renunciar al optimismo, lealtad se lleva un punto.

Después compara el optimismo con creatividad y plantéate el mismo dilema: si para ser creativo tienes que dejar de ser optimista, ¿qué escogerías? Si decides que creatividad prevalece, entonces creatividad se lleva un punto.

Ahora tendrías que comparar también lealtad con creatividad para desempatar. Imagina que lealtad sigue ganando: dos puntos para lealtad. Creatividad ha obtenido un punto y optimismo, cero.

No quiere decir que no sean menos importantes, pero sí que el orden sería más o menos así: lealtad, creatividad, optimismo. Haz este ejercicio con todos tus valores y contravalores. Te costará un tiempo, pero te aseguro que te vas a divertir en el proceso y posiblemente te lleves más de una sorpresa.

Solo un apunte: cuando realices estas comparaciones, hazlo de forma consciente. No lo hagas rápido, sin meditar demasiado. A menudo priorizamos los valores según lo que creemos que es bonito, correcto o incluso lo que la sociedad espera de nosotros.

Por ejemplo, puedo pensar que libertad para mí es mi valor esencial. Pero en el fondo el amor es más importante. Vete con la imaginación a una situación drástica: si tuviera que renunciar a mi libertad para seguir recibiendo y dando amor, ¿lo haría? Y viceversa: si tuviera que renunciar al amor en mi vida pero tendría libertad... ¿cómo me sentiría?

Este era mi caso, que necesitaba como el aire la libertad y creía que era de mis primeros valores. Sin embargo, cuando realicé a conciencia este ejercicio me di cuenta de que sin amor en mi vida (y no me refiero a la pareja, sino al amor con mayúsculas, amor a la vida, a mis seres queridos, amigos, clientes, el mundo entero), si no tengo amor, ¿de qué me vale la libertad?

Aunque también te diré que los valores suelen cambiar de prioridad según las etapas de la vida, especialmente si estás atravesando una crisis vital. En ese momento todos tus cimientos se tambalean y se va rompiendo el sistema de valores que te sostenía hasta ahora.

Paso 4. Analizando tu día a día

Pero de nada sirve revisar valores y contravalores sin más. Si hacemos este trabajo es para incorporar los valores que deseas sentir en tu día a día, pues solo así te irás sintiendo cada vez mejor contigo mismo.

Así que sigamos con el ejercicio. Fíjate ahora en tus 5 primeros valores y tus 5 contravalores. Vamos a trabajar con ellos. Son los que rigen tu vida o te limitan. Ahora tendrías que responder a las siguientes preguntas:

- ¿Están esos valores presentes en tu vida? Pon ejemplos concretos. ¿Qué haces tú a diario para experimentar y vivir tus valores principales?
- ¿Están presentes también tus contravalores? ¿Qué haces tú para evitarlos?

Si has respondido que no todos los valores están presentes en tu día a día o, por el contrario, que lo que vives de forma habitual son tus contravalores, piensa qué puedes hacer para que los valores estén todos o casi todos los días presentes y los contravalores no.

No te limites a un área concreta de tu vida como el trabajo; piensa también en otras, como la familiar, de pareja, tu salud, tu relación con las finanzas, el ocio, los amigos.

Paso 5. Tus reglas de juego

Establece tus propias reglas de juego; sé lo más concreto posible:

¿Qué acciones concretas deberían suceder para que pudieras sentir ese valor en tu vida diaria?

Por ejemplo, uno de mis valores es la autorrealización; para ello al menos una vez al día debo hacer algo que me apasiona: escribir un artículo, preparar un curso, leer algún *blog* de desarrollo personal que me inspire, etc.

Haz esto con cada uno de tus principales valores (al menos los 5 primeros) y luego lo mismo con los contravalores. Es decir, en este último caso las reglas sirven para saber cómo no debes vivir ese contravalor en tu día a día.

Por ejemplo, en mi caso, como te contaba al principio, vivía mucho mi contravalor de autoengaño y rechazo de mí misma (frente a los valores de autenticidad y amor propio), mientras realizaba un trabajo que no me hacía feliz durante más de 7 años. Imagínate cómo afectaba esto a mi autoestima, ese sentir que no valgo, que no merezco, que soy inferior.

Puede que te pase algo similar. Pero esto no significa que tengas que dejar tu trabajo de la noche a la mañana, sino al menos ser consciente de que ese trabajo no te conviene, verlo con total claridad, es decir, dejar de engañarte.

Y por otro lado, darte cuenta de tus valores te permite conectar con tu amor propio y empezar a verte y ver lo que haces desde otra perspectiva mientras sigues trabajando en algo que no te gusta, pero siendo consciente de que estás dando los pasos necesarios para salir de ahí.

Pues mi mayor problema fue que, al autoengañarme, ni siquiera me daba la opción de plantearme un cambio, saboteando todos mis intentos de crecer, como aquella entrevista de trabajo de la que me había escapado, creyendo erróneamente que era mediocre y no tenía nada que aportar.

Y cuando prepares tus reglas para los valores y contravalores, es muy importante tener en cuenta lo siguiente: ¿son reglas que puedo cumplir realmente o son muy muy difíciles de cumplir?

Por ejemplo, si quiero vivir mi valor de éxito pero para eso necesito estar ganando 10.000 euros mensuales y estoy todavía muy lejos de esta cifra, es muy fácil que caiga en el contravalor del fracaso, pues no estaré cumpliendo con mi expectativa o con la regla de ese valor.

O este otro ejemplo: si quiero sentir armonía a mi alrededor las 24 horas del día pero tengo hijos pequeños de 4 años que corren, saltan, hacen ruido, se pelean, se manchan, dejan todo tirado... ¿crees que me será fácil vivir este valor conforme a esta regla? Y es que en este caso concreto no depende de mí enteramente el hecho de poder vivir en armonía, pues convivo con otras personas que son muy importantes para mí.

Así que revisa bien tus reglas: ¿son realistas, fáciles de cumplir? ¿Son demasiado rígidas, he puesto las condiciones tan difíciles que no los puedo cumplir prácticamente nunca o solo puedo hacerlo a medias? En tal caso cambia tus reglas, hazlas más flexibles, más realistas, más alcanzables.

Sé que este es un trabajo que lleva su tiempo; tómate el tiempo necesario para completar este ejercicio de valores. En este proceso puedes descubrir muchas cosas acerca de ti mismo, como me pasó a mí. Y no olvides escribir todo lo que vayas descubriendo.

Conectar con mis verdaderos valores me ayudó muchísimo a saber quién soy, cómo soy y poder decírselo a los demás de forma honesta. Me permitió sentirme orgullosa de quién soy y cómo soy, aumentando mi autoestima.

Por ejemplo, para una entrevista de trabajo el conocer tus valores es fundamental. A veces nos preguntan en qué somos buenos o que digamos algunas cualidades que nos hacen especiales. Las personas con baja autoestima o que no están acostumbradas a llamar la atención se sienten incómodas hablando bien de sí mismas. Pero si sabemos cuáles son nuestros valores nos podremos sentir a gusto, diciéndolos en voz alta, porque transmiten algo positivo que nos identifica.

Y por último, una pregunta extra a modo de reflexión que puede ayudarte a revisar tu lista de valores: ¿Qué 5 valores imprescindibles te gustaría transmitir a tus hijos (los tengas o no)? ¿Están esos valores en tu lista?

10. Ábrete al éxito

Disfrutar del éxito... Pareciera que es algo que todos deseamos, pero ¿qué hacer cuando sentir que estás teniendo éxito te incomoda, te hace querer esconderte, te hace creer que no lo mereces?

¿Te ha pasado alguna vez? ¿Quizás un reconocimiento de tus profesores, tus progresos profesionales, incluso con tu pareja? ¿Escondes tus éxitos de los demás? ¿Por qué nos ocurre esto?

Como especie no estamos preparados para ser felices ni disfrutar de la vida. Nuestra finalidad es sobrevivir, porque miles de años protegiéndonos del peligro han sido los que nos han traído hasta hoy (mentalidad de gacela).

Tampoco necesitas ir tan lejos. Échale un vistazo a tu vida, a tu pasado. Simplemente fíjate en tu familia, tus padres, abuelos, hermanos... ¿Ha habido éxito en tu familia? ¿Qué era el éxito para tu clan?

Y sobre todo, ¿qué es el éxito para ti?

Según el *coaching* estratégico, por ejemplo, éxito significa que puedo vivir o hacer las cosas como quiero, donde quiero, con quien quiero, etc. Es decir, hay un concepto de voluntad. Lo quiero, lo tengo.

Solo tú puedes definir lo que es para ti el éxito, pues solo tú sabes qué es lo que realmente quieres.

Y si me dices que no estás muy seguro de lo que quieres, déjame decirte que no te creo. Pues en el fondo todos tenemos sueños. Otra cosa es que podamos tenerlos metidos muy dentro, sin permitirles salir por considerar que eso no es para nosotros.

Pero como este libro va del merecimiento y de permitirte brillar, creo que ya vas teniendo claro a qué me refiero.

El éxito está muy asociado a una de las principales necesidades humanas: la importancia. Todos tenemos en mayor o menor medida esa necesidad que para nada es negativa. Sentirnos importantes es sentir que somos valorados, respetados, apreciados, que hacemos algo útil, estamos siendo reconocidos.

Como bien sabes, nunca me sentí una persona de éxito hasta que descubrí mi propósito de vida.

Es más, creo que una persona que no sabe qué quiere de la vida es difícil que pueda llegar al éxito. Porque sí, el éxito tiene que ver con la consecución de algo: una meta, un objetivo, un sueño, etc.

Eso sí, muchas personas, por falta de autoestima, nos negamos el éxito a nosotras mismas, creyendo que no lo merecemos o incluso que no lo necesitamos. Al menos es lo que me sucedió a mí hasta que conecté con mis sueños y logré construir mi realidad.

También es cierto que muchas veces en nuestra familia o en la sociedad en la que vivimos la palabra «éxito» tiene connotaciones negativas.

Incluso hay personas que cuando obtienen el éxito en su vida personal o profesional no saben qué hacer con ello.

Según el *coaching* estratégico hay 4 niveles de evolución y crecimiento en el ser humano, y lo normal es que vayamos subiendo poco a poco, escalón tras escalón.

Nivel 1. Supervivencia

Se trata de un nivel en el que apenas llegas a cubrir tus necesidades básicas como comer, dónde vivir... Puede que estés en ese nivel si estás pasando por dificultades económicas serias o estás teniendo problemas de salud. No puedes pensar en crecer porque hay necesidades básicas que no están cubiertas y tu único objetivo es sobrevivir.

Nivel 2. Seguridad o confort

Aquí solemos encontrarnos a la gran mayoría de las personas que tenemos nuestras necesidades básicas cubiertas. Se trata de tener todas las comodidades necesarias: una casa, un sueldo o ahorros, comida, transporte, etc. Aunque permanecer en esta zona puede llegar a ahogarnos porque tal vez no sintamos que hacemos nada grande con nuestra vida o vivimos en una zona gris y llena de rutinas. En este nivel no nos podremos permitir lujos ni grandes caprichos.

Nivel 3. Éxito

En esta zona hemos alcanzado una buena posición económica, podemos permitirnos viajes caros, lujos, caprichos. Nos va muy bien. El peligro de este nivel es que nos estanquemos. Tenemos lo que queremos, vivimos donde y con quien queremos. Pero si nos estancamos en esta zona y empezamos a alimentar nuestro ego podemos caer y bajar a niveles de supervivencia.

Ocurre con muchos actores o cantantes de éxito, sobre todo si no han desarrollado cualidades espirituales. De repente se encuentran con mucho dinero y fama, pero se dan a las drogas o al alcohol, pues no saben gestionar ese éxito de forma consciente.

Nivel 4. Contribución

Cuando alguien ha alcanzado el éxito material, para que siga creciendo necesita llegar al nivel de contribución, es decir, empezar a compartir con el mundo sus logros, dedicarse a ayudar a los demás, compartir con otros. Si no lo hace, al no poder seguir creciendo buscará una manera de bajar de nivel, por ejemplo arruinándose o generando conflictos o adicciones para poder seguir creciendo de nuevo a partir de un nivel más bajo. Porque los seres humanos no podemos dejar de crecer... Si no hay crecimiento ni evolución bajamos de nivel para seguir creciendo desde un nivel más bajo.

Y es que una de las necesidades espirituales básicas del ser humano es el crecimiento. No podemos dejar de crecer.

¿POR QUÉ SABOTEAMOS NUESTROS PROGRESOS?

¿Te suenan esas personas que superan una adicción al alcohol, por ejemplo, empiezan a tener una vida más segura y tranquila... pero como no se ven capaces de alcanzar la zona de éxito vuelven a recaer en sus adicciones para desde un nivel de supervivencia empezar a subir hacia el nivel en el que estaban, el de seguridad?

Y si alguna vez te has preguntado por a qué a algunas personas les cuesta disfrutar del éxito, me gustaría darte mi visión. Y aquí no puedo dejar de mencionar el tema de la autoestima y el merecimiento, así como las creencias limitantes en relación al éxito.

Estas creencias pueden ser en el ámbito social, personal, cultural, familiar...

Un buen ejercicio para entender estas creencias sería escribir lo siguiente:

- «Mi madre piensa que el éxito es...».
- «Mi padre piensa que el éxito es...». (Y así con todos los miembros importantes de tu clan familiar).
- «En la escuela me dijeron que el éxito es...».
- «En la Universidad me dijeron que el éxito es...».
- «Mis amigos de la infancia creían que el éxito era...».
- «Mi círculo social actual cree que el éxito es...».
- «Los medios de comunicación transmiten que el éxito es...».
- «Yo creo que el éxito es...».

Seguramente descubrirás los mensajes tan contradictorios que te han llegado por diferentes vías.

Compara tus propias creencias con las del resto y encuentra dónde concuerdan, con quién... y con quién divergen por completo.

Recuerda que todo lo que pensamos de la realidad no son más que creencias, y que ninguna de ellas es la verdad absoluta.

En mi caso he recibido muchos mensajes contradictorios sobre el éxito: que si el éxito es de personas engreídas, que si corrompe, que si no merezco el éxito porque no soy suficiente...

¡No me extraña que me haya costado tanto disfrutar de él cuando llegaba a mi vida!

Recuerdo que hace tiempo se me acumularon varias entrevistas y en diferentes medios: una entrevista en una radio de Argentina, una conferencia en Mindalia TV, propuestas y agradecimientos de mis clientes y alumnos del curso *Self-Coaching*...

Ese día tenía una sesión con mi *coach* personal. Recuerdo que tuve que anularla porque me sentía sobrepasada por las circunstancias. Deseaba huir de todo aquello. Como si el éxito que estaba viviendo me estuviera agobiando, como si no mereciera tenerlo. Recuerdo haber salido a dar un paseo al campo. Necesitaba alejarme de todo, encontrarme a mí misma, entender qué me estaba pasando...

La verdad es que me sirvió de ayuda. Y en ese paseo me puse a escuchar mis audios del libro *The Big Leap*, libro que precisamente habla de eso: de cómo, cuando nos llegan grandes cosas, buenas noticias, ya sea de finanzas, trabajo o amor, se dispara una de nuestras creencias raíz limitantes y nos autosaboteamos para volver a nuestra zona de confort habitual, que aunque no es tan especial al menos conocemos bien.

En la relación de pareja ya tengo creencias sólidas de que merezco amor, razón por la cual mi relación funciona tan bien después de 13 años.

Pero respecto a las finanzas y el éxito profesional, hace tan solo unos años aparecían las viejas creencias del pasado:

- «No mereces triunfar».
- «¿Quién eres tú para tener éxito?».
- «El éxito es una carga, supone mucha responsabilidad».
- «Si tienes éxito te alejas de tu familia» (y en cierta parte ya no tengo tanto tiempo como antes para dedicarlo a mis familiares cercanos, porque tengo bastante más trabajo que antes).
- «Si brillas, eso puede molestarle a alguien».

Por eso es tan importante descubrir tu relación con el éxito y cambiar aquello que consideres dañino. Así que esta es también mi propuesta para ti. Descubre tu relación con el éxito:

- Lo ansías a toda costa, el éxito es tu obsesión.
- Para llegar al éxito tienen que reconocerte los demás.
- Relación amor-odio con el éxito.
- Miedo a brillar.
- El éxito es una carga.
- No merezco tener éxito.
- El éxito me aleja de los míos.

Empieza a definir qué es el éxito para ti:
- Tener dinero (necesidad de seguridad).
- Obtener reconocimiento (necesidad de importancia).
- Tener libertad (necesidad de variedad).
- Tener salud (necesidad de seguridad).
- Tener amor de pareja (necesidad de amor).
- Tener una familia feliz (necesidad de amor).
- Crecimiento personal o espiritual (necesidad de crecimiento).
- Darte a los demás (necesidad de contribución).

Haz este pequeño trabajo y escríbelo para ti, reflexionando sobre si mereces tener todo esto (y si sientes que no, vuelve a los capítulos donde tratamos el merecimiento).

11. El estado emocional óptimo

En este libro hemos dedicado ya una buena parte a la gestión de las emociones «difíciles». Pero ahora quiero mostrarte de modo práctico qué es un buen estado emocional. Constituye un estado emocional neutro, ese que se tiene durante la mayor parte del tiempo en nuestra vida cuando nada malo ni especial está ocurriendo.

En ese estado neutro normalmente nuestra mente revisa una y otra vez los temas más comunes y vuelve a los problemas o aspectos más habituales que conforman nuestra identidad (bloqueos, miedos recurrentes). Se trata en realidad de la famosa zona de confort.

Y nuestra zona de confort normalmente no nos impulsa al crecimiento (salvo que estemos en ese proceso de continuo aprendizaje, que a pesar de que es algo que suena muy bien, a veces tampoco nos lleva a nada bueno, pues lo único que hacemos es consumir cursos y formaciones, o leer un libro tras otro pero sin cambiar de vida realmente).

Por eso es tan importante ir introduciendo cambios, y eso se puede lograr simplemente manteniendo un estado emocional más elevado de lo habitual.

Y es que todo trata de la atención, como verás a continuación.

Para ello te voy a poner un par de ejemplos para que veas dos situaciones totalmente diferentes partiendo de las mismas circunstancias.

Si me enfoco en lo negativo, en que en España hay mucha crisis y todo está fatal, y le doy un significado de desesperación, de que «no hay nada que hacer» en esta situación, la emoción que obtendré podrá ser de enfado, miedo o tristeza. Ese estado emocional me llevará a tomar decisiones basadas en la seguridad (no dejar mi trabajo, no salir de mi zona de confort) y en 10 años tendré la misma vida insatisfactoria que ahora o incluso peor: puede que me despidan y esto me lleve a más problemas y dificultades.

Pero esta misma situación puede ser vista de forma muy diferente por otra persona. Si a pesar de la crisis creo que hay oportunidad para emprender, porque me fijo (me enfoco, presto atención) en personas que han emprendido y les ha ido bien, y estudio los casos de éxito de esas personas y a la crisis le doy un significado de oportunidad, entonces generaré emociones como optimismo, valentía, alegría, determinación. Esto me llevará a tomar la decisión de formarme y emprender, por ejemplo. Y mi vida en 10 años será probablemente muy diferente al primer caso.

Así que te invito a hacer un poco de autocoaching para que descubras tu enfoque predominante y las decisiones que de ahí salen. Responde con sinceridad a las siguientes preguntas:

- ¿En qué ámbito de tu vida eres más feliz? ¿Trabajo, finanzas, amor, salud, familia, ocio, amigos, espiritualidad...?
- ¿En qué ámbito de tu vida te sientes menos feliz?
- ¿Cómo son las condiciones de tu vida en el ámbito en el que eres menos feliz? ¿Qué falta, qué no te gusta, qué te hace sufrir?

- ¿Cuáles son tus deseos en este ámbito menos feliz?
- ¿Qué te gustaría alcanzar, mejorar, cambiar exactamente?
- ¿Son deseos realistas, alcanzables para ti?
- ¿Cuál es tu nivel de dolor en ese ámbito menos feliz?
  - ¿Es algo nuevo y te causa dolor?
  - ¿Llevas un tiempo sin conseguirlo, o sea, sientes frustración?
  - ¿Llevas mucho tiempo sin conciliar tus condiciones en ese área y hay sufrimiento?
  - ¿O ya has abandonado y crees que no hay nada que hacer, es decir, sientes impotencia?

- ¿Quién tiene la capacidad para cambiar esa situación ahora?
- ¿En qué te tendrías que enfocar y creer para poder hacer algo al respecto?

Por ejemplo, puede que tu relación personal vaya muy bien, pero el trabajo no tanto. O puede que seas muy consecuente con tu salud pero no así con tu pareja. Comparando cómo tomas las decisiones según cada área de tu vida podrás ver un tipo de resultados u otros. Y eso te servirá de ejemplo para que veas que ya tienes la estrategia de cómo alcanzar buenos resultados; simplemente debes aplicarla a aspectos de tu vida que deseas mejorar.

A continuación te muestro un sencillo esquema de cómo funcionan nuestras decisiones.

Enfoque + Significado → Emociones → Decisiones → Acciones → Resultados

Es decir, si me enfoco en algo y le doy un significado positivo, vivo un estado emocional agradable; de ahí el que mis decisiones y acciones me lleven a resultados muy diferentes a si mi enfoque y significado son negativos.

A continuación puedes descubrir cómo te enfocas cuando consigues algo importante en la vida:

- ¿Qué decisiones importantes has tomado en los últimos dos años?
- ¿Cuál fue tu enfoque en esas decisiones? ¿En lo positivo o lo negativo, en el miedo o en el amor?
- ¿Qué significado tenía para ti aquella situación en la que tomaste esa decisión importante? ¿Oportunidad, riesgo, aprendizaje, felicidad, crecimiento, etc.?
- ¿Cuál fue tu emoción dominante en esa situación?
- ¿Cuál fue la decisión clave que tomaste o dejaste de tomar?
- ¿Qué hubiese pasado si tomases otra decisión distinta? ¿Cómo sería tu vida ahora?

Y ahora, volviendo al ámbito de tu vida en el que eres menos feliz, responde a lo siguiente:

- ¿Qué pasaría si pudieses enfocarte mucho más en lo positivo?
- ¿Qué pasaría si lograses cambiar lo que significan las cosas para ti, incluso las que no te gustan?
- ¿Cómo mejoraría tu vida si pudieras gestionar mejor tus emociones?
- ¿Cómo influiría esto en tus decisiones, en toda tu vida?
- ¿Qué nuevas acciones que llevas posponiendo tomarías hoy?

12. Descubre la abundancia que hay en ti

En una formación que completé hace unos cuantos años me tocaba desarrollar a un personaje dormido en mí, mi parte de reina. Y la pregunta era: ¿qué caracteriza a una reina de verdad? Desde luego la abundancia era una de sus cualidades.

Una reina no pide, no ruega, no suplica, no se humilla, no se esconde, no se queda paralizada por miedos o culpas... Una reina es una persona que confía en sí misma, que tiene autoridad, es abundante, que desde una posición de sabiduría y madurez crea su espacio, su reino, su proyecto, lo expande y regala a los demás los frutos de su trabajo.

Y esto no es algo que esté fuera de tu alcance. Todos tenemos diferentes energías, voces, personajes o partes dentro de nosotros. Solo que algunas están demasiado dormidas. Y tú también llevas ese rey o esa reina dentro, esa parte de ti que es ya generosa, abundante, paciente, benevolente pero a la vez tenaz, segura y ambiciosa. Solo que no la estás viendo de momento.

La palabra ambición a muchos nos chirría, ¿no es cierto? ¿Pero te puedes imaginar a una reina sin ambición? «¿Cómo quiero que sea mi reino: un pantano que no se mueve o un torrente que fluye y genera riqueza y abundancia?».

Durante años, prácticamente desde que nací, me persiguió un patrón de escasez en mi vida. Justo lo contrario de lo que es la esencia de una reina.

No se trata de buscar culpables ni de hacerme pasar por víctima; nunca lo he hecho y no quisiera caer en ese estado. Simplemente se trata de analizar una realidad que por lo que sea me ha tocado vivir (y que seguramente es uno de mis mayores aprendizajes en esta vida).

Todo parte de una creencia-raíz muy arraigada, que puede ser una de las preguntas primarias que los seres humanos podemos hacernos.

¿CÓMO SE FORMAN LAS CREENCIAS-RAÍZ?

A partir de experiencias profundas, dolorosas, incluso traumáticas de nuestra vida, experiencias intensas, aprendemos lo que es dolor y placer. Y nuestra meta entonces se dirige a perseguir placer, evitar dolor o ambas cosas a la vez. Cuanto más cercanas a la infancia estén las creencias, más poderosas serán, pues se crean de forma inconsciente y generan patrones que dirigen toda nuestra vida sin que sepamos por qué actuamos así.

Y es que los 3 primeros años de un niño son vitales para su desarrollo posterior. En esos primeros años de vida es cuando el niño es una auténtica esponja creando a una velocidad increíble conexiones neuronales que configurarán la base de su futura personalidad...

Por circunstancias que me ha tocado vivir, durante esos primeros años de mi infancia tuve que vivir alejada de mis padres, y aunque recibía cuidados y mimos de otras mujeres de mi familia (mi abuela, mi bisabuela, mi tía materna y la tía abuela de mi madre), ahora entiendo que viví una especie de abandono, pese a que veía a mis padres casi todos los días.

Esa experiencia vital y primaria posiblemente me generó una sensación de escasez. Es decir, sentía que no había para mí lo que sí había para otros niños.

La escasez, de hecho, me ha perseguido durante toda la vida; de ahí el que me considere a día de hoy una experta en materia de la resiliencia pues no he dejado de superarme nunca. La escasez la he vivido en todos los ámbitos de mi vida: escasez de amor, escasez de reconocimiento, escasez de dinero, de trabajo...

Nunca he querido tener casa propia (probablemente porque temía que la podría perder o simplemente porque sentía que no la merecía). A nivel de pareja, más de lo mismo. Me conformaba con el primero que me hacía caso. Y lo mismo ocurría a nivel profesional: cero ambición, conformismo y aceptar el primer trabajo posible, aunque no me hiciera feliz, no tuviera que ver con mi profesión y cobrara muy poco.

Afortunadamente mi capacidad de superación, mi afán de conocerme más a mí misma, de crecer a nivel personal... hicieron que fuera superando esas barreras que la vida me iba poniendo. A día de hoy he conseguido tener una profesión que me llena, una pareja maravillosa, viajes a lugares increíbles del mundo (Costa Rica, Japón, México, recorrer toda Europa...), haber vivido en países tan maravillosos como Alemania y Holanda, conocer a gente interesante y abundante, ayudar con mi trabajo a miles de personas que me leen, me siguen o trabajan conmigo en los cursos y procesos de *coaching* que ofrezco.

¿Recuerdas el tema del enfoque que vimos en el capítulo anterior? Bueno, pues eso mismo lo puedes aplicar también a la abundancia en tu vida. De hecho, cuando todo en mi vida empezó a ir bien descubrí que mi relación con el dinero no era la mejor. Es decir, en lugar de preguntarme cómo podía ganar más dinero y crecer económicamente, me enfocaba en el ahorro, en el hecho de no perder, más que en ganar.

La diferencia está clara. Si mi enfoque es ahorrar, viviré una vida pobre, de restricciones, una vida en la que sentiré que no merezco tener una casa maravillosa, ropa de calidad, clientes que paguen bien mis servicios.

Es cierto que por mi personalidad no me gusta depender de cosas materiales y no les doy demasiada importancia, pero una cosa es ser desapegada y otra bien distinta, vivir en la escasez.

Y es que estar en la escasez o la abundancia es cuestión meramente de enfoque. Si te enfocas en la abundancia, si sientes que hay espacio para ti en esta vida, si crees que hay gente dispuesta a pagar por tu ayuda, que hay suficiente amor, dinero y salud, las cosas llegan, porque el Universo es abundante y generoso.

La creencia limitante que más me ha perseguido durante toda mi vida ha sido: «Si no me doy prisa, lo puedo perder». De ahí mi impulsividad en muchos ámbitos. De ahí el decir siempre sí, porque si digo que no puede que ya no obtenga ese sí más adelante. Falta de asertividad, baja autoestima, falta de confianza, sentirme inferior, creer que no merezco ciertas cosas...

Así todo junto suena bastante desagradable, ¿verdad? Por fortuna muchos lastres ya los dejé atrás hace años y en otros sigo trabajando a día de hoy. Porque el hecho de ser *coach* y dedicarme a ayudar a otros a mejorar sus vidas no significa que yo haya llegado al umbral de la perfección y lleve una vida ideal.

Si tú te has sentido identificado con mis palabras, me gustaría que también reflexionaras sobre ello. Por ejemplo, ¿qué patrón te ha perseguido desde la infancia? ¿Qué preguntas te haces con relación al dinero o a otro ámbito de tu vida que esté estancado? ¿Cómo empiezan tus preguntas recurrentes ante las dificultades de la vida?

A veces, simplemente fijándote en tu patrón recurrente a la hora de hacer las preguntas puedes entender bastante acerca de tu manera de vivir.

- «¿Por qué todo lo malo me pasa a mí?».
- «¿Por qué nunca consigo lo que deseo?».
- «¿Por qué me cuesta creer más en mí?».

Escribe tus preguntas recurrentes. Y después pregúntate cómo puedes cambiarlas por algo más productivo. Es decir, sustituye el «por qué» por el «cómo» y enfoca la pregunta en lo positivo, en vez de enfocarte en lo que no tienes.

- «¿Cómo hago para que me pasen cosas mejores?».
- «¿Cómo puedo conseguir aquello que tanto deseo?».
- «¿Cómo puedo creer más en mí?».

A veces una diferencia tan sutil abre un mundo lleno de posibilidades, te lleva hacia la abundancia, en vez de anclarte en el pasado y quedarte en las excusas.

La magia está en que al responder o intentar responder a esas mejores preguntas te llegarán mejores respuestas. Y si aún no sabes cómo hacerlo, este libro te está dando pistas.

Yo creo firmemente que absolutamente todos nos merecemos una vida mejor. Y es que eso no depende de lo que tengamos en este momento, sino de cómo enfoquemos nuestra vida entera, a través de preguntas, significados y decisiones que tomamos a diario.

Y a esto te estoy invitando en este capítulo.

13. Conecta con tus sueños

Te confieso que durante la mayor parte de mi vida me consideré una persona rara. No porque realmente lo fuera (de hecho no creo que nadie sea raro, todos somos especiales y diferentes por algo que nos caracteriza...) sino porque personas de mi entorno cercano me veían así.

Hay una frase que se me quedó grabada desde entonces: «¿De verdad eres tan ingenua como para creer que vas a conquistar tus sueños?».

No sé si te suena esto de lo que estoy hablando... Pero a menudo nuestro entorno más cercano nos hace creer que no somos capaces o que estamos locos, que los sueños sueños son y que perseguirlos es ingenuo y una pérdida de tiempo.

Y así me sucedió a mí.

Los años iban pasando y esa idea, que tanto me había dolido en un principio, se fue fortaleciendo en mi cabeza y, peor aún, en mi corazón. En mi vida adulta llegué a creer que perseguir los sueños es una tarea inútil, que era ingenua y que debía vivir como la mayoría de las personas adultas. Eso que muchos dirán que es ser realista.

De hecho, la palabra soñador socialmente tiene que ver con esas personas que no pasan a la acción, que viven en un mundo imaginario y no consiguen nada importante en la vida.

Pero hoy, gracias al *coaching*, he podido romper con esas creencias impuestas socialmente y donde soñar o perseguir tus sueños se equipara con estar loco o ser ingenuo. Pues son creencias de una sociedad basada en el miedo, el control y la necesidad de cumplir con los cánones establecidos: el famoso *pack* de «estudia, trabaja, cásate, cómprate una casa y coche, ten hijos, jubílate y entonces disfrutarás de lo que te queda de vida».

Hoy sé a ciencia cierta que puedes ser un soñador práctico. Que existen sueños realistas y alcanzables. Que no tienes por qué seguir una ruta establecida.

Y que todo esto no es una mera utopía, sino mi estilo de vida. Es así como vivo exactamente, mientras estoy terminando este libro desde el despacho de mi casa, mi lugar de trabajo desde hace 8 años.

Soy la dueña de mi tiempo y mis horarios, elijo con qué clientes trabajar y con cuántos. Soy quien decide a qué hora termino mi jornada laboral y cuándo ofrecer mis sesiones y cursos. Elijo cómo educar a mis hijas y el tiempo que les quiero dedicar. Por fin puedo decir que soy la dueña de mi vida y no dejo de soñar, porque es así como puedo crear la vida que quiero.

Y no dejo de mostrarte a través de las páginas de este libro que las cosas no siempre fueron fáciles para mí. Pues provengo de una situación familiar, social y política de mucha escasez. Nací en la antigua URSS, donde para poder comprar un kilo de arroz o de mantequilla tenías que hacer colas kilométricas y te tocaba solo un kilo por persona al mes, si es que llegaba a la tienda. Usábamos cartillas de racionamiento.

Si en aquel entonces alguien me hubiera dicho que en mi vida adulta tendría cientos de supermercados repletos de alimentos de todo tipo, totalmente asequibles para mi bolsillo, le hubiera respondido: «Qué tontería, esto no es posible para mí».

Pero lo cierto es que tengo la firme creencia de que esos sueños, deseos, anhelos, sí puedes convertirlos en realidad. Porque en la práctica he visto que es posible. Porque lo he vivido en mi propia piel. Porque lo han vivido miles de personas que han pasado por mis cursos.

Somos creadores de nuestra vida. Nuestras creencias, emociones, pensamientos, sensaciones, miedos y anhelos... y sobre todo nuestras acciones, son las que conforman la vida que tenemos ahora. Y todo esto lo puedes cambiar si tu vida no te convence.

La cuestión es: ¿cómo conectar con mis sueños? Aquí te propongo un ejercicio sencillo en apariencia pero que puede resultar un poco difícil. Escribe tu lista de 100 deseos. Sí, ni más ni menos que 100, sin analizar, sin pensar si son o no realistas, todos juntos.

Verás que al principio esos deseos son más contenidos, más normales, más comunes. Algunos incluso pueden no ser tuyos; lo irás notando cuando sobrepases los 50 primeros. Ahí es donde empiezan a surgir ya ideas alocadas, aquellas que la sociedad tacharía de absurdas o sin sentido. O peor aún: que tu familia o amigos tacharían de improcedentes. Este es el punto al que debes llegar: que tus sueños te parezcan locos, que no encajan y sin embargo hay cierta magia en ellos.

Tal vez sea dar la vuelta al mundo o vivir un año sin trabajar en algún lugar lejano del planeta. O aprender a bailar. O saltar en paracaídas.

La cuestión es que, tras completar la lista de 100 deseos, hagas el trabajo más importante: empieces a sentir cada uno de esos deseos. Puedes cerrar los ojos e imaginarte cumpliendo el primero y ver cómo responde tu cuerpo. Si vibra con ello o no.

Sé que son muchos y da pereza hacerlo con todos. Pero tranquilo; conforme vayas avanzando irás viendo que algunos directamente no son tuyos y pasarás rápidamente de ellos a los siguientes.

Otros en cambio te conectarán con algo profundo.

Al final, te propongo que te quedes con 2, máximo 3, para empezar por ahí. Si todavía no eres capaz de cumplirlos, crea el famoso «*collage* de los sueños», con recortes de revistas o frases de motivación; eso te hará sentir cada día que tu deseo está presente. Y lo más importante: permítete soñar con ello, saber de esos temas, leer sobre otra gente que ya los ha conseguido.

Incluso respecto a aquellas cosas que podrían darte cierta envidia, permítete llenarte de la experiencia de esas personas, acercarte mental o físicamente a ellas.

Porque creo firmemente que los sueños están para ser cumplidos. Que venimos a este plano, a esta dimensión, a experimentar y cumplir nuestros deseos. El gran problema es no creer que puedes alcanzarlos.

Como dice una de las frases de mi *blog*, «la vida es demasiado corta para no vivir tu sueño». Es una frase que le robé a un aventurero que se había ido a vivir a una isla paradisíaca. Y cuando la entrevistadora del programa *Madrileños por el mundo* le preguntó por qué se había ido a vivir tan lejos, esa fue la respuesta que dio.

Y entonces me dije: «Si un hombre de Madrid con una vida anodina, normal, decide marcharse al fin del mundo y disfrutar de la naturaleza, viviendo en una casita de cuento cerca del mar de color turquesa, ¿por qué yo no voy a perseguir también mis propios sueños?».

En serio, pregúntate: ¿por qué otros sí y tú no? Todo, absolutamente todo, es posible. Y el primer paso está dentro de ti: empezar a creer que no es una locura.

14. Ponte en marcha. Cinco pasos para brillar

Ya que estamos en el último capítulo de este libro, te quiero hablar de lo más importante. Te estoy hablando de la acción. Si bien es cierto que te he ido sugiriendo acciones a lo largo de este libro, quiero que este no sea un libro más de mera información, sino que te mueva a la acción.

Y nada de este libro servirá si no empiezas a dar los primeros pasos hacia aquello que realmente deseas.

En el capítulo anterior te había propuesto quedarte con esos 2-3 deseos, hacer un *collage* con ellos y empezar a fijarte en cómo este sueño se ha materializado para otras personas.

De esos 2-3 deseos escoge uno y empieza a dar los pasos hacia él. Tu sueño puede ser algo relacionado con tu profesión, con tu pareja o hijos, o simplemente la búsqueda de tu propósito, tu propio camino. Sea cual sea este deseo, lo primero es compartirlo. Sí, sé que algunos expertos dirán que es mejor no compartir nuestros sueños. Mi vida me ha enseñado justo lo contrario.

De hecho, uno de mis grandes sueños era vivir en otro país con mis hijas, en otras culturas, viajar por el mundo. Pero el miedo a salir de la zona de confort estaba aún presente. (Como ves, siempre hay áreas en nuestra vida sin explorar, incluso si eres una *coach* con experiencia). Y es normal sentir todo esto, totalmente normal, pues nuestro cerebro... ya conoces cómo funciona: no pretende que seamos felices y nos realicemos, sino que estemos seguros y nada nuevo (es decir, nada desconocido ni peligroso) nos pase.

Pero el alma ansía conocer, crecer y expandirse. Y eres tú quien decide si darle de comer a tu ego o alimentar a tu alma.

Te comparto, por tanto, cómo lo hice yo en relación al *coaching*, cómo logré salir de la oscuridad, cómo pasé de no permitirme mostrarme al mundo a tener éxito en lo profesional, un área de mi vida que tanto se me había resistido.

Paso 1. Qué quiero realmente

En mi caso tenía que ver con mi misión de vida. El *coaching* ha supuesto para mí un antes y un después.

Mi historia es la de una chica insegura, tímida, vergonzosa, que tenía mucho miedo de mostrarse, que hasta se ponía roja cuando contaba cualquier cosa de su vida a los amigos, pues no estaba acostumbrada a ser el centro de atención.

Tenía una creencia firme de que el éxito profesional no era para mí, pues no era músico como el resto de mi familia, no seguí los pasos del clan... y eso me abocaba al fracaso.

Y así viví lo relativo al ámbito laboral: trabajaba de cualquier cosa para ganar algo de dinero.

Obviamente no era feliz, pero tampoco me quejaba. Pues lo profesional y el éxito en este área no estaban destinados a personas como yo que rompen con los contratos familiares.

Pero a los 30 me sucedió algo muy bonito. Conocí al que es hoy mi marido, Carlos. Él vio en mí un gran potencial y me motivó para buscar algo que tuviera que ver con mi esencia y propósito de vida. Y así, tras años de buscar, llegué al *coaching*.

Y ahí comenzó mi gran transformación. Conecté con algo que ya estaba en mí: mi propósito de vida era ayudar a otros, escucharlos, guiarlos, hacerles ver otras oportunidades, darles luz, optimismo, confianza...

Por eso, el éxito para mí ahora es poder vivir de mi propósito. Para eso no necesito ser necesariamente millonaria o tener cientos de miles de seguidores, sino dar esa luz a aquellos que realmente lo necesitan, inspirarlos, guiarlos.

Ahora pregúntate tú: «¿Cuál es mi misión de vida?, ¿qué estilo de vida quiero llevar?, ¿dónde me veo en 10, 20, 30 años? ¿Para qué quiero todo esto?

Al responder a estas preguntas estarás realizando un proceso de auto-*coaching*, dándote cuenta de lo esencial, lo relevante.

Paso 2. Pasión y conexión con tu propósito

Otra clave indispensable es la pasión. Entiendo por pasión una ilusión y energía constantes, amar lo que haces. Y yo amo mi trabajo, me siento conectada a mi ser, a mi esencia, me encuentro realizada, pues me doy cuenta de que hay un sentido detrás de mi pasión por el *coaching*.

Y este sentido es cumplir con mi propósito, con mi *dharma*. Como cuenta Víctor Frankl en su gran libro *El hombre en busca de sentido*, solo esa conexión con el sentido de todo lo que estás viviendo te permite ir más allá de lo convencional, lo ordinario, lo problemático o incluso lo terrible de esta vida.

Escuchaba el otro día a otro de mis referentes, Borja Vilaseca, en una de sus conferencias. Y ahí nos explicaba claramente la diferencia entre placer y felicidad. En la vida contemporánea buscamos sentir placer que viene del exterior: un viaje, una comida, una serie o película...

Pero la felicidad no tiene nada que ver con lo externo, sino con la conexión con tu ser. La felicidad es un estado profundo de sentir que estás conectado a tu ser, a tu esencia. Y eso es lo que siento cada vez que escribo del *coaching,* como lo estoy haciendo ahora mismo con estas líneas. O cada vez que trabajo con mis alumnas o clientes. Me siento conectada a mi ser, al Universo, me siento agradecida y bendecida.

Poder vivir de algo que amas es la mejor receta posible para ser feliz. Al menos para mí. Está claro que cada uno deberá preguntarse al menos una vez en su existencia: «¿Cuál es el sentido de mi vida?».

Así que pregúntate una vez más: «¿Qué me enciende, qué me apasiona? ¿De qué temas podría estar hablando todo el rato?, ¿Haciendo qué o estando con quién se me pasa el tiempo volando?».

No necesariamente tiene que ser un tema profesional, como es mi caso. Puede tener que ver con la espiritualidad, el arte, los viajes, aprender algo nuevo como finanzas o idiomas... O tal vez sea algo relacionado con la crianza de los hijos, la salud o la nutrición.

Todos tenemos temas que nos gustan. Si estás leyendo este libro, el desarrollo personal debe gustarte seguro. Que ahora mismo tengas este texto entre las manos no es casualidad.

Paso 3. La importancia del foco

Una de las claves fundamentales es el foco. En *coaching* trabajamos mucho con el foco, que no es mi más ni menos hacia dónde estoy llevando mi energía, dónde estoy poniendo mi atención.

Lain García Calvo contaba en una conferencia, a la que asistí hace años, que se despertaba todos los días haciéndose la misma pregunta: «¿Qué puedo hacer hoy para hacer llegar a más gente mi libro *La voz de tu alma*?».

Es decir, ponía el foco en una misma cosa día tras día. Toda su atención se dirigía a un único lugar. Y eso hacía que el tema en el que se enfocaba se expandiese.

Al igual que Lain, yo hacía esto mismo, y lo sigo haciendo. ¿Qué puedo hacer hoy por seguir ayudando a más gente a través del *coaching*?

Puedo escribir artículos, grabar vídeos, compartir algo en redes sociales, ofrecer un *webinar*, crear un curso, una formación, seguir formándome para dar más valor a mis clientes y alumnos.

Y este es mi foco todos los días. No dejo de enfocarme en una misma dirección: «¿Cómo hago para seguir llevando mi misión al mundo? ¿Qué más puedo hacer, por pequeño que sea?».

Como decía uno de mis profesores de *coaching*: «Si te enfocas en algo durante un tiempo, lo sentirás. Si te enfocas en algo durante mucho tiempo, lo vivirás».

Así que pregúntate: «¿En qué me estoy enfocando cada día de mi vida? ¿En lo que me falta y no puedo cambiar? ¿O en lo que ya tengo y en cosas que sí dependen de mí?».

Pon el foco cada día en ese sueño, en esa misión o proyecto, aunque aún estés lejos de cumplirlo: lee, escribe, comparte, estudia, habla de ello, infórmate... Mantén la llama encendida cada día de tu vida.

Paso 4. Conexión genuina con gente afín

Hace no mucho un emprendedor que me entrevistaba me preguntaba cómo consigo darme a conocer sin hacer inversión en publicidad. Y la clave la tengo desde que empecé: conectando con personas afines.

En muchos de mis lanzamientos cuento con ayuda de afiliados, que son personas como yo, de mi sector o similares, a los que no considero competencia, sino colaboradores.

Es decir, desde que empecé como *coach* he buscado sinergias, conversaciones, colaboraciones, pero siempre de forma auténtica, interesándome genuinamente por las otras personas.

De hecho, es raro el que contacte con alguien por puro interés, sino que suelen ser personas con las que ha habido alguna interacción previa, bien porque hayamos coincidido en algún evento físico o virtual, o porque nos hemos escrito, o porque se trata de alumnos o personas que me habían invitado a participar en sus eventos.

Tratar de tener éxito a solas es muy difícil, pues formamos parte de un sistema, de un colectivo. Y salir adelante sin apoyos ni gente que esté a tu lado desgasta mucho y hasta desanima.

Como dice un proverbio que me gusta mucho: «Si quieres ir rápido, ve solo. Pero si quieres llegar lejos, ve acompañado».

Si te quedas en tu cueva soñando con que un día eso que deseas se hará realidad, pero no sales ahí fuera a compartirlo, a hablarlo con otros que están en ello o unos pasos por delante de ti... Si crees que algún día llegará por sí solo... te estarás autoengañando.

Las cosas suceden en estas dos direcciones: trabajándote por dentro, sanando esas heridas y superando los miedos... pero también en la superficie, en la vida real, donde es inevitable hacer cosas.

Además, si tratas de hacerlo todo por tu cuenta, tu mente te boicoteará, haciéndote creer que es imposible, muy difícil y que no es para ti. Pero cuando contactes con gente afín a ti, personas que ya han logrado lo que ahora tienes o que querrían lograr eso mismo, entonces alimentarás ese sueño, lo irás viendo más real, sentirás que no es una locura.

Busca grupos de apoyo en redes sociales, foros, *blogs*, canales de Telegram... para poder seguir alimentando ese pequeño gran sueño.

Paso 5. Desapego y disfrutar del camino

A menudo, cuando no logramos lo que deseamos nos frustramos y abandonamos o hacemos parones en la consecución de ese sueño.

Hacer parones y descansar está bien, pero abandonar no es la actitud adecuada. Quizás haya que dar un giro o cambio si ves que tu sueño tarda en llegar.

Eso me pasaba a mí con respecto a mi dificultad de lograr el embarazo. Fueron años de intentos fallidos, mucho dinero gastado en clínicas privadas de reproducción asistida, muchas pruebas médicas, medicamentos e inyecciones, cambios hormonales, pero sobre todo mucha incertidumbre acerca de si algún día lo íbamos a lograr.

Ahora miro atrás y veo todo lo bueno de aquella época: empecé mi crecimiento personal, me formé como *coach*, abrí mi *blog*, empecé a vivir de mi pasión, creé maravillosos cursos de desarrollo personal... No paré de viajar, viví en diferentes países; el avión se convirtió en mi segunda casa, pues cada 2 semanas volaba de Holanda a Madrid para estudiar y trabajar en lo que amo.

Veo todo esto ahora, mis vídeos de entonces, mis artículos... y me doy cuenta de lo poco que apreciamos lo que la vida nos va regalando mientras tratamos de cumplir nuestro sueño.

La clave está en desearlo pero también en no obsesionarnos con cumplirlo. Pues mientras tanto la vida sigue, y lo más importante: la vida solo existe en el momento presente.

Así que sea cual sea ese sueño, persiste, no lo dejes, pero también disfruta de lo que ya hay en tu vida.

A lo largo de este libro te he hablado de la importancia de generar un óptimo estado emocional, desde el que agradeces lo que ya tienes, elevando así tu vibración. Esta es la clave principal: disfrutar del camino. Incluso si no llegases a la meta, al menos habrías disfrutado de haberlo intentado.

Y para terminar, déjame decirte: no te conformes, cambia tu vida, pues cada instante mientras respiras es una oportunidad para cambiar aquello que no te gusta de ti o de lo que te rodea.

EPÍLOGO

Un libro que comencé hace 6 años en un avión mientras volaba a Nueva York acaba de llegar a su fin. ¡Seis años me costó terminarlo!

En estos 6 años han pasado muchas, muchísimas cosas. La más importante: el nacimiento de mis dos hijas que ahora tienen 4 años y medio.

Comenzaba este libro con toda mi ilusión, con ganas de crear algo útil, algo que valiera la pena, que pudiera aportar un poco de luz a personas como yo: personas con baja autoestima, inseguras, que se sienten inferiores, que creen que no merecen brillar, que no saben qué quieren de la vida ni cuál es su propósito.

Pero al mismo tiempo personas con un enorme poder interior, llenas de amor, de luz, talentos, como todos esos hombres y mujeres con los que he trabajado en estos años como *coach* y mentora.

Muchos de ellos, al igual que yo, lograron reinventarse, escribieron también sus libros, crearon sus páginas *web* y ahora tienen una vida muy distinta a la anterior.

No te conozco, querido lector. Pero estoy segura de que no eres uno más. Eres tan maravilloso como yo misma. Y que somos espejos. Tenemos muchas cosas en común.

Por eso también sé que todo lo que comparto contigo en estas páginas puede servirte. Pues a mí me ha servido y me sigue sirviendo cada día de mi vida.

Justo ayer, al terminar un *webinar* sobre el miedo y la preocupación, una alumna me preguntaba: «María, tienes tantos recursos y conocimientos profundos de cada tema que presentas que ¿cómo es posible que todavía sigas teniendo miedos, preocupaciones o momentos bajos donde se activan tus heridas de la infancia?».

Y yo le respondía: «El hecho de que sea *coach* y tenga recursos no significa que la vida no me esté poniendo las mismas dificultades que al resto de personas de este planeta. Pues antes que *coach* soy persona. La única y gran diferencia es que ahora tengo recursos con los que atender estas dificultades, por lo que no suelo tener problemas graves en mi vida. Pero problemas tengo todos los días, como cualquier ser humano».

Esto del crecimiento personal es un camino de vida. Puede que ahora al terminar este libro te digas: «¡Madre mía, todo lo que me tengo que trabajar!».

O tal vez cambies el foco y te digas: «¡Qué interesante esto que estoy aprendiendo; lo puedo ir poniendo en práctica poco a poco! Ya tengo respuestas y herramientas para situaciones difíciles de mi vida».

Y es que la vida misma es la mejor escuela de crecimiento personal, si te permites verlo de esta forma.

La mía, como has podido leer, no ha sido una vida precisamente fácil, pero aquí me tienes, contándote cómo he ido sorteando todas esas dificultades. Cómo he ido creciendo y confiando en mí.

Mi crecimiento fue paulatino, con no pocas recaídas, con la sensación de que cuando conquistaba una meta se me presentaba otro escalón que debía subir, otro reto nuevo.

Y es que cuando empiezas a crecer expandes tu zona de confort, pero ahí fuera siempre tienes un área de aprendizaje. Esa zona incómoda de crecimiento a la que necesitas ir asomándote de vez en cuando.

A mí me parece apasionante todo lo que este juego de la vida nos puede ofrecer. Este es mi foco ahora: «¡Qué interesante, un nuevo reto que me plantea la vida!».

Te animo a que tú también empieces a cambiar ese foco, a ver oportunidades de crecimiento en cada reto diario. Y así, creo de corazón que todo será un poquito más fácil, o por lo menos más divertido.

Como escuché alguna vez decir a mi padre, parafraseando a Germán de la ópera de Tchaikovski *La dama de picas*: «¿Qué es nuestra vida? ¡Un juego!».

¡Pues juguemos entonces!

Para terminar este libro quiero pedirte una cosa: pase lo que pase, aunque estés en el fondo de un pozo y sientas que el mundo te ha dado la espalda, no te olvides de tus valores, esos principios y emociones esenciales que guían tu vida. Conecta con ellos cada vez que sientas que las fuerzas te fallan, cuando parezca que no hay salida de este túnel sin luz. Porque, aunque todo esté oscuro a tu alrededor, esa luz existe. De hecho, esa luz de fuera no es más que el reflejo de tu luz interior. Y esa luz se enciende cuando conectas con tu verdad, con tu esencia, contigo mismo.

Nadie ha dicho que el camino vaya a ser fácil. Ni que vaya a acabar del todo. Esto del crecimiento personal es para toda la vida. Pero el primer y el siguiente paso debes darlo hoy. No mañana. Simplemente da este paso ahora.

Espero de corazón que este libro te resulte útil y comiences a dar estos pasitos, pequeños, muchas veces invisibles, incluso cuando sientes que en lugar de avanzar retrocedes. Este es el camino tortuoso del crecimiento personal. Hermoso y liberador, pero también oscuro e incómodo en gran parte.

El hecho de que ya estés planteándote todo esto, leyendo este libro, trabajando por dentro, intentando crecer... ya te convierte en una persona valiente. Y tarde o temprano, esa luz que se esconde dentro de ti saldrá fuera e iluminará tu vida y a los demás.

No lo olvides: has venido a este mundo a brillar con luz propia. Y a cumplir tus deseos.

Al igual que yo que, a pesar de tenerlo todo en contra, he logrado conectar con mi luz, tú también lo harás.

Un abrazo inmenso y hasta siempre.

Podéis visitar mi página web donde encontrareis muchas herramientas, así como cursos gratuitos.

www.mariamikhailova.com

También os recomiendo haceros una foto con el libro y subirla a las redes sociales como Instagram o Facebook con la etiqueta #liberatusombra

Podéis descargaros el listado de valores con ayuda de este código QR:

María Mikhailova es considerada una *coach* de referencia en el mundo de habla hispana. Es emprendedora digital y *coach* de vida con un postgrado por la Universidad Rey Juan Carlos de Madrid. También está formada en *coaching* estratégico, inteligencia emocional, programación neurolingüística y técnicas de terapia integrativa.

Desde el 2014 acompaña a personas de diferentes países del mundo en su proceso de cambio y realización profesional, así como a emprender *online* con un proyecto propio. Por sus formaciones, talleres y programas de *coaching* han pasado más de 2.000 alumnos. Actualmente cuenta con una comunidad de 30.000 personas a las que acompaña a creer en sí mismas, reinventarse y conectar con su propósito.